A SA
SERENITE' ELECTORALE
MONSEIGNEUR
L'ELECTEUR
DE
BRANDEBOURG.

MONSEIGNEUR,

*L*ES coups les plus gene-
reux & les plus hardis font

ceux

DEDICACE.

ceux qui font à prefent le plus de faifon & plus au gouft de VOTRE SERERITE E-LECTORALE. C'eft ce qui me perfuade, que ce Livre que je prend la liberté de luy prefenter ne luy fera pas desagreable. C'eft un petit temeraire, qui a eu l'audace de declarer la guerre au fentiment de tous les fiecles, & à l'opinion de tout les grands hommes qui ont precedé Mr. Defcartes, en leur demontrant par les endroits les plus infaillibles de la Theologie, & les plus invincibles

LA BESTE

DÉGRADÉE

EN

MACHINE,

Divisé en deux Discours

PAR

J. M. DARMANSON,

Profeſſ. en Philoſ. dans l'Academie
de Francfort ſur l'Oder.

Anima eorum in ſanguine. Levit. 17.

A AMSTERDAM,

Pour l'Autheur MDC XCI.

APPROBATIO.

FAcultas Theologica quæ est Franekeræ examinavit Tractatum Gallicum dictum la Bête Degradée en Machine, Conference premiere, nihilque in ea offendit, quod ulli Dogmati in formulis consessus expresso adversetur; quapropter edi potest convenienter Belgicarum Ecclesiarum legibus. Franekeræ Frisiorum x Kal. XII. Ann. CIƆ IƆ C XXCIII.

Jussu Facultatis

J. V. WAEYEN,
S. S. T. D. & P. V. D. M.
Acad. & Sereniss. Nassaviæ
Principis à Sanctoribus Consiliis.

DEDICACE.

cibles de la Philosophie, que leurs prejugez, qui attribuent aux bestes une ame capable de connoissances & de passions, attaquent, par leurs conse-quences, les premiers princi-pes de la Religion & de la Mo-rale, en fournissant aux A-thées & aux Libertins de dan-gereuses armes, contre l'existen-ce de Dieu & l'immortalité de nostre ame. Il retourne du combat, MONSEIGNEUR, après les avoir fait succomber sous les efforts de ses armes, selon le sentiment d'une illustre

fa-

DEDICACE.

faculté de Theologie, & char-
gé de leurs dépoüilles, il vient
s'acquiter d'un devoir indif-
pensable, qui est de les apporter aux pieds de V. S. E. en
luy presentant la Béte Degradée en machine ; puis que toutes les pensées de son Auteur
vous doivent estre devouées,
MONSEIGNEUR, depuis que
vous l'avés honnoré de la qua-
lité de Professeur en Philosophie dans vostre Academie de
Francfort, & de Recteur du
College des François refugiez,
lors qu'il y sera etabli. Ce petit

DEDICACE.

tit Athlete estant invité de rentrer une seconde fois dans la carriere ; il supplie tres-humblement *V. S. E.* de luy accorder l'honneur de vôtre protection. S'il peut se glorifier d'un si considerable avantage, MONSEIGNEUR, il na rien à craindre ; puis qu'il aura encor l'honneur de combattre sous les étandards d'un des plus vaillants Princes du monde, qui non seulement, comme un autre Josué, peut se vanter d'avoir arreté le Soleil dans sa course :

mais

DEDICACE.

mais par un nouveau miracle
de l'avoir chaſſé de pluſieurs
endroits, où l'irregularité de
ſon cours l'avoit tranſporté, &
où la rapidité & la violence de
ſes mouvemens dereglez a-
voient embrazées les demeures
de pluſieurs de ſes voiſins. Il
tramble encor à l'eclat des armes foudroiantes, dont la Religion & la Juſtice ont armé
V. S. E., & apprehande, qu'a-
pres l'avoir corrigé de toutes ſes
erreurs, vous ne le reſſerriez
enfin dans les bornes de ſon Zo-
diaque. Ce ſont les vœux les
plus

DEDICACE.

plus ardents de toute l'Europe,
& ceux particulierement de celuy qui est avec tout le zele, les
respects & la reconnoissance
imaginables.

MONSEIGNEUR,

De Vôtre Serenite' Electorale.

Le tres-humble tres-obeissant
& tres obligé Serviteur,

J. M. DARMANSON.

A 5   AVER-

AVERTISSEMENT.

CE qui a obligé l'Auteur de ce petit Ouvrage de le donner au public en François, plustost qu'en Latin, comme c'estoit son premier dessein, est qu'un Philosophe, qui s'est acquis en Hollande quelque reputation, ayant fait des efforts extraordinaires pour le faire passer dans l'esprit de tout le monde pour un livret rempli de sentimens dangereux ; l'Auteur à jugé à propos, pour le justifier de ces calomnies, non seulement d'avoir recours aux approbations d'une faculté de Theologie, qui les luy a accordées sans contredit : mais aussi de le rendre public en une Langue qui puisse estre entenduë de toute sorte de personnes.

PRE-

PREMIER DISCOURS.

Les desordres de l'opinion commu-
ne qui admet dans la Bête une
Ame capable de Connoissance
& de Passions.

E vous demande ex-
cuse de ma liberté,
Messieurs, si j'ay
osé vous supplier de
vouloir honnorer ce
discours de vostre presence. Je
vous prie d'estre persuadez que
cette hardiesse n'est pas une pro-
duction de ma vanité, mais plu-
stot un effet de ma complaisan-
ce pour les Messieurs qui me font
l'honneur d'assister à mes conferences privées. Ils ont jugé que
celle-cy traittoit une matiere assez curieuse, assez importante &

A 6   d'une

PREFACE.

d'une maniere affez folide, pour
meriter une attention publique,
& quoy-qu'elle combattit les fentimens prèque de tous les hommes
(en s'oppofant à l'opinion commune touchant la connoiffance &
les paffions qu'on attribuë aux
Bêtes , & foutenant qu'elle fert
de fondement aux erreurs les plus
impiës & les plus libertines , &
que toutes leurs operations ne fe
font pas des mouvemens pure-
ment mécaniques ;) que fes
Conclufions cependant ne man-
queront pas d'attirer les applau-
diffemens de la pieté des fçavans,
auffi bien que de leur raifon ; ap-
pellant à fon fecours ce que la
Theologie a de plus faint , & ce
que la Philofophie à de plus clair,

de

PREFACE.

de plus folide & de plus demonftratif.

Je fçay que prêque tout le
monde me dira d'abord qu'il eft
êtonnant, que l'erreur de ceux qui
font d'opinion contraire à la nôtre
ait attiré à fon party la crôiance
de tous les fiécles , & le fentiment de tous les Grands hommes
qui ont précedé Monfr. Defcartes : Mais la durée, non plus que
l'étenduë de cette erreur ne font
pas plus dignes d'étonnement que
le peché qui en eft le principe :
il a commencé prêque avec le
Monde , il a repandu fa conta-
gion fur tous les hommes , &
fon infection & fon Empire ne
cefferont jamais , fi long-temps
qu'il y aura des hommes fur la

A 7   ter-

terre, qui feront toûjours la proie pitoiable de fa tyranie & de fa violence.

Depuis le peché la verité n'eft pas plus commune dans l'ordre des chofes fpirituelles que les piereries & les precieux métaux dans l'ordre des fubftances corporelles; on dit d'ordinaire que la nature en eft avare ; elle ne nous les diftribuë qu'en tres-petite quantité, encore après avoir exigé de nous des travaux inconcevables. Combien de temps fommes nous demeurés dans l'ignorance du nouveau Monde, qui eft cependar t un des plus riches païs de la Terre. Il eft vray qu'un Philofophe affura autrefois qu'il y avoit des Antipodes ; mais fon opinion

ne

ne subsista pas long-temps , elle
fût étouffée dés sa naissance , elle
attira aussi-tost sur elle les fou-
dres du Vatican : Et les Papes qui
se flattent orgueuilleusement du
privilege d'infaillibilité, aussi bien
que de celuy de pouvoir prescrire
des loix à la croyance de tous les
peuples , fulminerent Anathê-
me contre tous ceux qui ose-
roient adherer à ses sentimens.
Mais si nous avons découvert la
vanité de leurs titres orgueuil-
leux avec la découverte de ce
beau païs qui a si fort enrichi les
nostres ; il est vray que nous ne
le depouillons de ses thrésors
qu'aux depends d'une infinité de
travaux : Il nous faut exposer à
la discretion des orages & des
tem-

tempétes , il nous faut defcendre dans les entrailles de la terre
avec des fatigues inconcevables ,
enforte qu'elles ont déja couté la
vie de plufieurs millions de perfonnes. Les perles qu'il nous
fournît ne nous coûtent pas
moins de peine , il faut les chercher dans le fond des eaux & dans
les abîmes de la mer , en un mot
tout ce qui eft excellent eft fort
rare & coûte beaucoup de peine.

Ceffons donc de nous étonner
Meffrs. fi la verité , qui eft le dia-
mant , la perle , & l'or du monde
fpirituël , eft fi rare & difficile à
dècouvrir , & fi une infinité de
perfonnes fuivent les routes de
l'erreur , pendant qu'un tres petit

tit nombre de gens découvrent le sentier de la vérité, dans les sciences speculatives, aussi bien que dans celles qui toûchent la morale. Est ce que celles-là, qui n'ont souvant que la curiosité pour principe, auront plus de privileges que celles-cy, desquelles depend l'éternité de nostre bon-heur ou de nostre malheur: si nous consultons l'Evangile nous serons convaincus par l'infaillibilité de ses Oracles, que le mensonge a bien plus de partisans que la vérité n'a de sectateurs; que la voie que nous devons suivre pour la découvrir est fort difficile & fort étroite, que peu de personnes y entrent, & qu'au contraire, celle du mensonge estant

fort

PREFACE.

fort fpatieufe & fort aifée la plus part du monde la fuivent aveuglement, attirez par les feuls attraits de la volupté & du plaifir. Si nous remontons jufqu'à Moyfe, nous verrons encore la vérité bien plus maltraittée que du tems de Jefus Chrift ; Car elle eftoit pour lors entierement banie de la terre & effacée du cœur des hommes, & pour l'y rétablir il en coûta beaucoup de peines & de travaux à ce Prophete : Il falut qu'il fe feparàt de la foule du peuple, qu'il montât fur le fommet d'une montagne d'un accés tres-difficile, & qu'il fe difposàt par des prieres, des jeûnes, & des macerations tres-rigoureufes, à obtenir cette grace de Dieu.

C'eft

PREFACE.

C'eſt dans un eſtat ſemblable
que nous avons trouvé la Philoſophie, de nôtre temps ; car que
devons nous attendre de celle qui
établit pour principe de connoiſſances, la plus corrompuë de
toutes les maximes, en oſant
avancer, avec autant d'aſſûrance
que de fauſſeté, comme un premier principe connu par luy même & inconteſtable, qu'il n'y a
rien dans nôtre entendement, qui
n'ait auparavant paſſé par nos
ſens : *nihil eſt in intellectu quod non*
præfuerit in ſenſu : comdamnant
ainſi, nôtre eſprit & toutes nos
connoiſſances à une captivité
honteuſe ſous la tyrannie des ſens
trompeurs. Les illuſions & le
danger de ce faux principe ont
fait

PREFACE.

fait le fujet d'un de mes entre-
tiens , c'eft pourquoy je n'en dis
rien icy davantage. Ce n'eft donc
pas Mrs. en fuivant la troupe
du commun des Philofophes qui
n'ont point d'autres raifons pour
nous engager à les fuivre , que
l'anciéneté & le droit d'aineffe,
qui ne peuvent nous préfcrire aucun devoir dans les Sciences naturelles ; mais en marchant fur
les pas du Reftaurateur de la
Philofophie , & du Genie de la
Nature, je veux dire de Monfr.
Defcartes , qui s'eft juftement
merité ces titres glorieux , en fe
dègageant de la foule des opinions communes , & nous mon-
ftrant les véritables fentiers que
nous devons fuivre pour parvenir à
l'heu-

PREFACE.

l'heureufe dècouverte de la vérité. C'eft, dis-je, fur fes principes
que je prétend appuyer la vérité
de ce difcours & vous demonftrer.

Premierement l'erreur & le
danger de l'opinion commune, qui
admét une Ame dans les Beftes
capable de connoiffance & de toutes les paffions qu'elle leur attribuë.

Secondement établir la vérité
des fentimens contraires, qui les
prive de toute forte de connoiffances & de paffions & ne recon-
noit point d'autre principe de
toutes leurs operations, felon
que l'Ecriture Ste. nous le pref-
crit, que les diverfes agitations de
leur fang. *Anima eorum in fanguine ;* Ce que je feray voir d'une
ma-

PREFACE.

maniere fi évidente & fi, Chrê-
tienne, que j'efpere que vous accorderez fans repugnance l'honneur de vôftre approbation aux
Conclufions de cette Conferance.

PREMIERE PARTIE.

Danger de l'opinion Commune.

'eſt un ſentiment ſi univer-
ſellement receû parmy
tous les Chrêtiens, que
l'Exiſtance d'un Dieu ou
d'un Eſtre infiniment parfait, & l'Immortalité de nôtre Ame
ſont les premiers fondemens de la
veritable Religion, que s'il ſe trouve
quelque impie qui oſe en douter, il eſt
avec beaucoup de raiſon en horreur à
tout le monde; ce ſont en effet les deux
poles qui la ſoutiennent & ſur leſquels
elle roule, enſorte que ſi l'un ou l'autre
vient à échaper, Adieu, tout eſt dans le
deſordre & elle eſt dans un danger évi-
dent de ſa ruine. Ces véritez, dis-je, ſer-
vent d'eguille & de gouvernail à ſa navi-
gation; ſi elle vient à les perdre, elle eſt
expoſée au gré des vents & des tempe-
ſtes, elle ne peut plus ſe deffendre des
rochers & des écueuils & elle n'a plus
devant

devant les yeux que le defefpoir d'un naufrage inévitable.

Pour donc reüffir dans le deffein que j'entreprend de ruïner l'opinion commune touchant la connoiffance des Bêtes, je ne puis me fervir d'un moyen plus efficace qu'en demonftrant que cette erreur entraine après elle par des confequances claires & evidentes, ces deux conclufions terrifiantes, & dont l'horreur eft capable de faire trembler tous ceux qui ont quelque fentiment de piété.

La premiere eft. Que fi la Bête eft capable de connoiffance & de paffions, il n'y a point de Dieu.

La feconde eft, que fi l'Ame de la Bête eft mortelle, la nôtre n'eft pas immortelle.

Ce n'eft pas que l'on puiffe conclure Mrs. que ceux qui font de l'opinion commune touchant la connoiffance des Bêtes, puiffent eftre foubçonnez d'eftre infectez de ces pernicieufes confequances: car il y a bien de la difference entre

tre admettre un principe, & estre fauteur
de toutes les conclusions erronées que
l'on en peut tirer: mais au reste, la vérité
n'est pas contraire à elle même, elle ne
peut servir de fondement au mensonge, & c'est un témoignage assuré de la
fausseté d'une opinion, lors qu'elle nous
entraine par des consequances necessaires, dans l'abîme de l'impieté & dans le
precipice des plus grandes erreurs.

La necessité de l'existence d'un Dieu
& d'un Estre souverainement parfait à
fait la matiere d'une de mes Conferan-
ces: je croy y avoir établi demonstra-
tivement cette verité par les raisons necessaires que j'ay fait voir qu'elle avoit
avec ces autres véritez incontestables

Que de rien on ne peut rien faire:
Qu'un effet doit avoir une cause qui
le contienne formellemnnt ou
éminemment.

Entant que nous ne pouvons découvrir
que dans Dieu même la cause de l'idée
& de la Connoissance que nous en avons
& qui est commune à toutes les substan-

B   ces

ces intelligentes , comme je l'ay démontré ailleurs.

S'il est donc véritable que Dieu soit un Estre qui possede necessairement dans un degré souverain toutes les perfections infinies , en sorte que l'on n'y peut rien diminuer n'y adjoûter sans le détruire , il faut conclure que l'opinion commune qui admet dans les Bêtes une Ame capable de connoissance , & de toutes les passions qu'elle leur attribuë , nous faisant

　　　* Premierement un Dieu sans un
　　　amour & sans un Zele infiny
　　　de sa Gloire.
　　　Secondement un Dieu inconstant
　　　& sans sagesse.
　　　Troisiemement un Dieu cruel &
　　　sans justice.

Détruit par consequant cet Estre infiny, c'est ce qu'il faut vous faire voir.

C'est un sentiment commun à la Philosophie comme à la Theologie : *Que Dieu se connoist & s'aime infiniment*

par

* Subdivision du premiere membre.

par la neceſſité de ſon Eſtre. C'eſt là le fondement de tous nos myſteres, je veux dire, de celuy de l'adorable Trinité, de l'Incarnation du Verbe, de la Création du monde & de l'economie de toute la Religion.

L'Entendement de Dieu eſt d'une capacité infinie, il doit neceſſairement avoir un objet proportionné à l'immenſité de cette étenduë; Il ne peut rien trouver hors de ſes propres perfections qui puiſſe y répondre: & entant qu'il les conſidere: il en engendre neceſſairement un térme ſubſiſtant, un fils, un verbe & une perſonne en tout ſemblable à luy-même.

Ce Dieu en toutes choſes infini, ayant une volonté d'une étenduë qui n'eſt pas moins vaſte que ſon Entendement: il n'y a que ſon fils qui puiſſe fournir un digne exercice à la capacité infinie de ſon amour, & en remplir l'étenduë, puis qu'il eſt l'Image achevée, le miroir éclatant & la ſplendeur Eternelle de ſes prefections infi-

nies

nies : * Et entant que ce Fils bienaimé
aimé également celuy de qui il reçoit
l'Excellence de fon Eftre. De cet A-
mour reciproque de ces deux Adorables
perfonnes , il procede auffy necffaire-
ment un troifieme terme fubfiftant & un
St. Efprit qui par fa proceffion divine fert
de complement à cet adorable myftere.

Il eft donc auffi neceffaire que Dieu
fe connoiffe & s'aime infin   ᵉnt, qu'il eft
neceffaire qu'il y ait trois P fonnes en
Dieu que ne font que les termes fubfif-
tans de cette Connoiffance & de cet A-
mour.

Il eft donc evident, par une neceffité
de confequance auffi infaillible que fon
principe , qu'il ne peut avoir d'autre
objet de fes operations, que celuy defa
propre Gloire. C'eft auffi-là le motif
de tous fes deffeins & qui donne le
branle à tous fes ouvrages : C'eft pourquoy voulant fe procurer un honneur
parfaitement digne de fa Grandeur , je
veux dire une Gloire infinie, & confult-
tant fa fageffe fur l'accompliffement de

* proceffion du St. Efprit.

fes

ſes deſirs : cette Divine ſageſſe remplie
d'amour pour celuy dont elle reçoit l'E-
ſtre pat une Géneration Eternelle, ne
voyant rien dans toutes les Creatures
poſſibles, dont elle renferme toutes les
idées intelligibles, qui ſoit digne de la Ma-
jeſté de ſon Pere, s'offre elle-méme
pour établir en ſon honneur un culte
Eternel, & comme Souverain preſtre
luy offre une victime qui, par la dignité
infinie de ſa perſonne, eſt capable de ſa-
tisfaire aux inclinations de ſa Gloire.
Mais comme l'abaiſſement eſt contraire
à ſa nature, eſtant en tout eſgal à ſon
Pere, il a beſoin de s'unir à une créature,
pour accomplir ce grand ouvrage qu'il
prepare à ſa gloire : Voila Mrs. le
veritable motif qui l'oblige à créer le
monde & à le tirer des abimes du néant.
C'eſt auſſi pour cette raiſon que Jeſus-
Chriſt, quoy que né dans la plenitude
des temps eſt cependant appellé l'ainé
des créatures ; & ſi ce monde a eſté
créé long temps auparavant ſa généra-
tion temporelle, c'eſt que Dieu devoit

prépapreparer un Temple à l'immolation de cette facrée victime, & ce n'eft qu'en veuë de la gloire infinie qui luy en reviendra qu'il fe determine à créer ce grand ouvrage : car quoy qu'il foit fort admirable en luy-même, fi vous le feparez de Jefus-Chrift, il ne peut répondre à la Majefté de l'action qui le produit : Car c'eft l'action d'un Dieu, fon merite eft donc par conféquent d'une dignité infinie : Mais fi vous joignez Jefus-Chrift à fon Eglife & l'Eglife au refte du monde dont elle eft tirée, vous eleverez pour lors à la grandeur de Dieu un Temple digne de la Majefté de fon Auteur.

Ayant ainfi établi fur des principes fi fainéts & fi facrez la grandeur de l'amour que Dieu à pour luy-même & le zele de fon honneur & de fa Gloire, il eft facile de faire paroîftre le defordre de l'opinion commune qui admet dans les Beftes une Ame capable de connoiffance & d'amour. Ellé dit, par exemple, qu'un chien connoit fon maitre,

qu'il

qu'il aime son maitre, qu'il aime le boire, le manger & tout ce qui peut servir à sa conservation, & cependant cette Ame capable de connoissance & d'amour, ne connoist pas son Dieu, elle n'aime pas son Dieu.

Ou bien cette Ame est dans l'ordre ou bien elle est dans le desordre : elle n'est pas dans le desordre puis qu'elle est telle qu'elle est sortie des mains de Dieu, donc elle est dans l'ordre : donc Dieu la dispense des loix de sa connoissance & de son amour, donc Dieu ne s'aime pas necessairement d'un amour infini, & n'a pas un Zele infini de sa gloire qui ne luy permettroit pas de telle dispense : poussons ce raisonnement & faisons en voir l'evidence.

C'est le sentiment commun de toute la Théologie fondée sur les principes que j'ay établis cy-dessus. que Dieu ne peut nous permettre le peché non plus que nous dispenser des loix de son amour : Mais qu'est-ce que le peché ? ce n'est rien autre chose que l'amour de la creature à l'exclufion de l'amour du Createur: *Eft averfio à Deo & converfio ad Creaturam :* Ou felon St. Auguftin, le peché eft le defordre que nous commettons lorsque nous voulons établir noftre felicité & noftre bonheur dans la poffeffion des creatures qui ne doivent nous fervir que pour nous conduire à Dieu, & nous fervir de Dieu tour au contraire pour parvenir à la poffeffion des creatures, *Eft uti fruendis & frui utendis.* Vous appercevez fans doute, Mrs. que l'opinion commune veut que Dieu permette à la Befte innocente tout ce qu'il eft obligé de nous deffendre par la neceffité des loix de fon amour: Il leur eft permis de ne rechercher que la creature, de n'aimer que leur corps & tout ce qui fert à fon avantage ; il leur eft permis de n'aimer que le boire, le manger, le dormir, & de ne craindre que ce qui peut les en priver ; enfin il leur eft permis de faire fervir Dieu à leurs plaifirs & à la paffion qu'ils ont de parvenir à la jouiffance des crea-

creatures & d'y conftituer toute leur felicité & leur bonheur, ce qui fait cependant tout le defordre de la creature rai-
fonnable; *peccatum eft uti fruendis & frui*
utendis ; Les créatures doivent nous fervir de moyens pour parvenir à la poffeffion du Createur, & nous nous fervons
du Createur tout au contraire pour nous
acquerir la poffeffion des creatures, voila le peché, voila le defordre, *pecca-*
tum eft uti fruendis & frui utendis ; Ces
loix ne font point pour la Befte, elle
peut fe foumettre innocemment à la
loy de fes membres, que St. Paul dê-
teftoit dans les fiens, & qui luy faifoit
dire en gemiffant, je reffens une loy
dans mes membres qui s'oppofe à la loy
de mon efprit, & qui fait effort pour me
rendre efclave fous la Tirannie du peché.
On peut dire d'elles dans l'eftat de leur
innocence, ce que l'Ecriture reproche
aux impies & aux libertins dans leurs de-
bauches, qu'ils font leur Dieu de leur
ventre, *quorum Deus, venter eft.*

Si cela eft véritable, Mrs. il faut
B 5 dire

dire adieu à toutes les raiſons dont l'E-
gliſe s'eſt toûjours ſervie pour prouver
la peché originel, la corruption de la
nature par concupiſcence, & la necef-
ſité d'un Mediateur, puis qu'il ſe peut
faire que nôtre nature n'eſt pas dans le
deſordre, Dieu ayant pû la créer en l'e-
ſtat où nous la voions : Donc Dieu
peut nous diſpenſer des loix de ſon a-
mour & nous permettre le peché ; Donc
il ne s'aime pas neceſſairement d'un
amour infini, qui ne luy permettroit pas
cette diſpenſe ; Donc le Myſtere de la
Trinité fondé ſur ce principe, n'eſt
qu'illuſion & phantome ; Donc Jeſus-
Chriſt peut paſſer pour un impoſteur,
& l'Ecriture ſainſte pour un paradoxe.
Ah! ſans doute que ces conſequences, ti-
rées neceſſairement de l'opinion commune touchant la connoiſſance des Be-
ſtes, vous font horreur, ayez donc horreur de leur principe qui vous y entraine par des conſequences neceſſaires.

Je m'apperçois bien de la réponſe
que l'on nous fera auſſi-toſt ; on nous di-

ra sans-doute que nous allons trop vîte
& qu'il y a bien de la difference entre
l'ame d'une homme & celle d'une
Bête , que celle d'un homme eſt
d'une capacité bien plus vaſte & plus
étenduë, qu'elle a eſté créée à l'image
de Dieu, capable de le connoître , de
l'aimer & de le poſſeder ; mais que l'ame
de la bête ne luy à eſté donnée que pour
veiller au gouvernement & à la conſervation de ſon corps, c'eſt pourquoy elle
eſt mortelle & périt avec celuy pour la
ſeule conſervation duquel elle ſubſiſtoit.
C'eſt icy où je les attends , Meſſieurs
Abiſſus abiſſum invocat , un Abime appelle un autre abime à ſon ſecours, ſe
voulant tirer d'un precipice, ils retom-
bent neceſſairement dans un autre : ils
veulent par cette réponſe reſtituer à
Dieu l'amour & la gloire qu'ils luy ont
ôtée, & ils luy dérobent ſa ſageſſe infinie, qui éclatte d'une maniere admirable dans le gouvernement des creatures ,
en y introduiſant le plus grand de tous
les deſordres,

Ils tombent d'accord que l'Ame d'une Bête est plus noble que le corps qu'elle anime, & ils ont raison, supposé qu'elle en ait une, & St. Augustin a sujet d'avancer comme il fait dans plusieurs endroits de ses ouvrages, que l'Ame de la moindre de toutes les Bêtes est plus excellente que le plus noble de tous les corps, puis que la raison démontre que le corps ne peut ny connoître ny aimer, & que la douleur, la joye, la tristesse ne peuvent estre des modifications des corps. L'Ame d'une Bête, qui est susceptible de connoissance, d'amour, de haine, de joye, de tristesse, de plaisir, de douleur, n'est donc point un corps; mais une substance plus noble que le corps qu'elle anime: elle n'est cependant créée que pour son corps; Dieu par conséquant introduit le desordre dans la nature, en faisant le plus noble pour le moins noble, l'ame d'une Bête, selon leur sentiment n'ayant point d'autre fin, ny d'autre felicité, que la joüissance des plaisirs du corps avec

avec lequel elle périt & est anéantie.

Je voudrois bien sçavoir quel sentiment ces Mrs. auroient de la conduite de Dieu, si dans la premiere institution des choses & avant le dereglement de la nature humaine par le peché, il avoit soûmis l'homme à la Bête avec autant de dependance, qu'ils veulent que l'ame d'une Bête en ait pour son corps, ensorte, qu'une Bête venant à mourir, l'homme qui auroit esté destiné à sa conservation & à son service periroit en même temps & seroit anéanti, comme on veut que l'ame d'une Bête le soit lors que son corps vient à mourir. Sans doute qu'ils n'approuveroient pas cette conduite, & ce ne seroit pas sans fondement qu'ils reprocheroient à Dieu, qu'une disposition semblable peche contre les loix d'une sagesse infinie: Mais qu'ils prennent garde que la distance qu'il y a entre la dignité de l'ame d'une Bête & la bassesse de son corps, est bien plus considerable que

celle

celle qui ſe retrouve entre l'homme &
la Bête puis qu'ils avoüent qu'il y a beaucoup de rapport entre l'ame des Bêtes
& celle des hommes , mais entre une
ame & un corps il n'y en a aucun , comme je le feray voir plus bas ; & ainſi la
ſageſſe de Dieu ne feroit pas moins ré-
prehenſible en faiſant dependre l'ame
d'une Bête de ſon corps , qu'en fou-
mettant l'homme dans l'état d'innocence à l'ame d'une Bête.

S'Il eſtoit véritable qu'une Bête eut
une Ame qui dependît entierement de
ſon corps , il ſe pourroit faire que les
Pelagiens auroient eu raiſon de ſoutenir
que la nature n'eſt pas corrompuë par
le peché , que la concupiſcence qui fou-
met nôtre Eſprit à nôtre corps eſt naturelle , qu'il n'y a point de peché originel , & que nous pouvons par conſequent couler une vie licentieuſe & li-
bertine , dans les plaiſirs & les delices ,
& renverſer ainſi tout le deſſein de l'E-
vangile , qui eſt d'établir une vie morti-
fiée & penitente , & deſarmer ainſi l'E-
glife

glife de la plus puiffante de toutes les raifons qu'elle aporte pour prouver la
propagation du peché originel & la
neceffité d'un Mediateur entre Dieu &
les hommes, puis qu'elle l'emprunte de
cette doctrine, quoi qu'elle ait toûjours
efté efficace dans la bouche & dans les
écrits de St. Auguftin pour triompher
de ces Hérétiques & de tous leurs Sectateurs.

Et que l'on ne nous dife point pour
guérir ces defordres, que l'on introduit
dans la nature en admettant une Ame
dans les Bêtes, Que tout les animaux
ont efté créez pour l'homme qui eft
beaucoup plus excellent,& que Dieu ne
leur a donné une Ame qu'entant qu'elles ont rapport à luy. Cette penfée
dans le fens qu'on luy donne eft ridicule, & ne peut partir que d'un grand fond
d'ignorance ou de vanité: Ne fçait on
pas qu'il y a un grand nombre d'animaux
qui ne nous rendent aucun fervice, &
qui par leur petiteffe fe derobent entierement à nôtre veuë, & qu'il y en a
beau-

beaucoup plus de cette nature que d'autres.

Mais je veux que tous les animaux ayent esté créez pour l'homme, est-il absolument necessaire de leur donner une Ame pour en pouvoir tirer du service? Si j'ay besoin d'un Cheval pour me porter ou pour labourer la terre, ce n'est pas son Ame qui me porte, n'y qui laboure, c'est son corps; si je mange d'un chapon, ce n'est pas son ame qui me nourrit c'est son corps; si donc les animaux peuvent faire toutes ces choses sans Ame, comme nous le montrerons cy-aprés, à quoy bon leur en donner une, *frustra fit per plura quod potest fieri per pauciora*; car il est de la sagesse de Dieu de ne rien faire d'inutile dans la nature, & de ne pas sacrifier au service du corps de l'homme les Ames d'une infinité d'animaux, qui sont beaucoup plus excellentes que les plus nobles de tous les corps.

Ce seroit faire injure à la puissance infinie de Dieu, de luy disputer le pouvoir

voir de créer des Bêtes fans Ame, qui cependant agiront de la même maniere que les autres à qui l'on veut en donner; il eſt certain qu'il agiroit pour lors d'une maniere plus ſimple & par conſequent plus conforme à ſa ſageſſe inſinie. Nous pouvons donc couclure qu'il les a toutes faites de la ſorte n'ayant aucun fondement raiſonnable de croire qu'il leur ait donné une Ame ; tout ce que l'on en dit n'eſtant fondé que ſur de faux préjugez ; Que diriez vous d'une peſronne qui n'ayant aucun autre deſſein que d'aller d'icy à Paris paſſeroit par le Dannemarck & s'éloigneroit ainſi de trois à quatre cens Lieuës de ſon droit chemin ; D'une perſonne qui n'ayant beſoin que de trois à quatre aûnes d'etoffe pour ſe faire un habit, en emploieroit 9. ou 10. & dont la ſuperfluité ne feroit que l'ambaraſſer & le faire paſſer pour ridicule ? L'on fait agir Dieu d'une maniere auſſi deraiſonnable, quand on veut qu'il ait donné une Ame aux Bêtes pour mouvoir leur corps, qui ne ſert quà émpecher la facilité que té que nous avons de rendre raifon de toutes leurs operations fans avoir recours à autre chofe qu'aux diverfes agitations de leur fang.

Le fyftême de Ptolomée à paru deraifonnable à ceux qui ont honnoré mes Conferences Phyfiques de leur prefance; leur faifant voir que cet Aftronome pour ne donner aucune atteinte au repos de la Terre, qu'il luy plaît de placer au centre du monde, pour rendre cependant raifon de la viciffitude & de la difference des jours & des nuits, des climats, des faifons & des diverfes apparences des Aftres, il nous fait une fuppofition qui non feulement eft contraire à l'experience; mais qui detruit Neceffairement par elle même tout ce qu'il prétend établir. Il fuppofe des Cieux de Libration & de Trépidation; que le premier quoy que d'une etenduë fi énorme que la Terre à fon égard n'eft qu'un point, acheve cependant en 24 heures fon cours autour de cette Terre d'Orient en Occident, emportant avec foy,

par

par la rapidité d'un mouvement épou-
vantable, toutes les fpheres inferieures,
excepté celles des planetes ; lefquelles
quoy que beaucoup moindres en mouvement & en grandeur, fe meuvent
d'Occident en Orient, & que noftre
Terre demeure immobile au milieu de
tous ces mouvemens, quoy qu'environ-
née de tous côtez par un Element tres-
fluide qui doit neceffairement fuivre le
cours de la matiere fuperieure : Et tout
cela fans en pouvoir donner aucune raifon, en forte qu'il eft obligé d'avoir recours à des Intelligences, defquelles il
n'a pas fans-doute mieux compris la nature, que celle du mouvement, & dont
les regles tres-fimples combatent entierement ce fyfteme.

L'on agit d'une maniere auffi ridicule
que ce Philofophe, lors que pour expliquer les actions & les mouvemens des
Bêtes, on a recours à une ame, à laquelle
nous n'accorderons jamais le pouvoir de
mouvoir un corps par elle même, fi
nous en comprenons bien la nature,
auffi-

auffi bien que celle du corps, & il eft
bien plus difficile d'expliquer comment
un corps fe meut par le moyen d'une
Ame, que de l'expliquer féparement
de cettte Ame.

Sans-doute que le fyfteme duquel nous
nous fommes fervi pour expliquer la formation du Monde, des Cieux, de la
Terre, des Aftres, de leur mouvemens, & de tous les Phénomenes de la
nature, vous a paru beaucoup plus raifon-
nable que l'ancien, parce qu'il eft beaucoup plus fimple, plus intelligible, &
plus facile, & par confequant plus conforme à la fageffe infinie de Dieu qui
la créé, & qui eft d'autant plus admirable, que par des moyens plus fimples,
Elle fait des chofes plus merveilleufes.

Pourquoy donc voulons-nous que
Dieu pour faire mouvoir un corps qui
peut facilement fe mouvoir par luy-même, luy ait donné une Ame, qu'il fera
obligé de détruire & d'anéantir avec la
deftruction de fon corps, ce qui pourroit
le faire accufer d'inconftance, les lumieres

rés de la fageffe ne luy permettant pas de femblables anéantiffemens ; auffi bien que d'injuftice & de cruauté, fi l'opinion commune eftoit véritable, qui veut que les Béftes foient capable de douleur.

Sans-doute que l'on n'a pas bien examiné ny compris les fuites , ny les confequances de ce grand principe de Théologie:

Que fous un Dieu Jufte, perfonne ne peut eftre miferable fans l'avoir merité.

C'eft fur ce fondement inébranlable que-l'on établit la vérité de quelques-uns des principaux Myfteres de la Religion ; mais qui tombent abfolument en ruïne, fi la Bête eft capable de douleur ; puifque cette opinion entraine neceffairement aprés foy la fauffeté de ce principe. Car fi elles font capables de douleur , elles peuvent eftre malheureufes:& elles font inégalement malheureufes, quoy qu'elles foient également innocentes , puifque n'ayant point de liberté , elles ne peuvent en faire un

mau-

mauvais ufage. Encore trouveroit-on le moyen d'exemter Dieu de cruauté & d'injuftice à leur égard, fi elles avoient quelque recompenfe à attendre aprés leur mort, pour les maux qu'elles auroient fouffert en cette vie. Mais, Helas! La mort ferme la porte à toutes leurs efperances, les privant de la vie de leur Ame auffi bien que de celle de leur corps. Elles y perdent toutes chofes, malgré toute leur innocence, les peines & les travaux qu'elles ont enduré pendant tous les momens de leur vie? Ah, mon Dieu! que ces fentimens font cruels & deraifonnables! ô qu'ils font injurieux à voftre juftice & à vôftre bonté infinie! qu'ils vous deplaifent dans le cœur de ceux que vous comblez à tous momens de vos bienfaits! & à qui, par les purs effets d'une bonté gratuite & d'une mifericorde infinie vous promettez la poffeffion de la Gloire, quoy que par l'enormité de leurs pechez, ils meriteroient de reffentir les dernieres rigueurs de vôtre colere. Y en auroit-il d'affez injuftes &

.d'affez

d'affez deraifonnables pour me répondre
que Dieu peut fairé à la Bête tout ce
qu'il luy plaira: pourveu qu'à l'égard de
l'homme il obferve les loix de fa juftice.
Mais qu'ils fçachent que Dieu doit rendre juftice à toutes fes creaturcs , & qu'il
n'y a que celles qui font capables de devenir criminelles, qui puiffent eftre malheureufes.

L'injuftice de leur réponfe , qui ne
peut partir que d'un grand fond d'or-
gueil qui les enyvre d'un haut fentiment
d'eux-mêmes par un fi grand mépris des
autres créatures , paroîtra mieux dans
fon jour & leur deviendra fenfible fi nous
faifons cette fuppofition : Que nous
nous fuffions toûjours confervé dans
nôtre innocence, que cependant Dieu
ne nous eut donné qu'une Ame mortelle
qui dependit de la vie de nôtre corps ,
& qu'il nous eut abandonné à la tyrannie des paffions d'autres hommes pe-
cheurs comme nous fommes , en forte
que nous fuffions expofez à la difcretion
de leur colere comme les Bêtes le font à

la

la tyrannie de la nôtre, & qu'apres avoir employé tous les momens de nôtre vie à leur fervice avec des travaux extrê- mes, nous n'euffions rien à efperer pour toute recompenfe qu'une mort cruelle pour fatisfaire aux dereglemens de leurs appetits & de leur gourmandife.

Quel fentiment aurions-nous de la conduite de Dieu à nôtre égard ? Ah ! fans-doute que nôtre cœur fe fentiroit dans de continuels transports de colere & de blafpheme contre l'auteur d'une difpofition fi cruelle,& au lieu de le benir & de le glorifier pour nous avoir don- né l'être, l'exaltation de fa gloire eftant fon unique deffein dans la formation des creatures, nous maudirions à tout mo- ment l'heure qu'il nous auroit tiré du néant, & la puiffance de celuy qui ne nous y auroit pas laiffé : Nous luy de- manderions avec raifon, où eft fa jufti- ce qui ne recompenferoit que de tyran- nie & de cruauté nôtre innocence, pen- dant qu'il combleroit de mifericorde & de bienfaits ces criminels dans leur ma- lice :

lice : fçachons que voila les juftes repro-
ches que les Bêtes peuvent faire à Dieu,
fi le fentiment commun eft véritable ,
qui leur attribuë une Ame capable de
connoiffance & de douleur , puifque
Dieu doit rendre juftice à toutes les
Creatures.

Ne tombez vous pas donc à prefent
d'accord, Mrs. que cette opinion ren-
verfe le premier & le principal fondement de la Religion, en ruinant l'exi-
ftence de Dieu , puifqu'elle détruit la
perfection de fes attributs en nous faifant. 1. Un Dieu fans Amour & fans
un Zele infini de fa Gloire. 2. Un Dieu
fans ordre & fans fageffe. 3. Un Dieu
cruel & fans juftice , ce que je vous ay
démontré ; Mais encore en ruïnant l'immortalité de nôtre Ame qui en eft le
fecond fondement : c'eft ce qu'il faut
encore prouver.

Pour l'intelligence parfaite de ce
que nous avons à dire, Mrs. il eft à propos de confiderer que l'Immortalité
peut eftre prife en deux maniéres : ou

C   bien

bien pour un privilege qui nous exemte de pouvoir eſtre entierement anéantis, ou bien pour celuy de ne pouvoir changer la diſpoſition de nôtre Eſtre, par le changement de la diſpoſition des parties qui le compoſent.

On peut aſſurer que nôtre Ame eſt immortelle en ces deux manieres, premierement entant qu'elle ne peut pas eſtre entierement anéantie ; ſecondement entant que ſa forme ne peut pas périr par le changement de la diſpoſition & de la configuration de ſes parties, puiſqu'elle n'en a point.

L'Immortalité priſe au premier ſens luy eſt commune avec toutes le ſubſtances, tant ſpirituelles que materielles : Mais la ſeconde luy eſt ſpéciale avec les ſubſtances ſpirituelles, & il n'y a qu'elles qui joüiſſent de ce privilege.

Nous avons deux voyes pour prouver que toutes les ſubſtances ſont indefectibles, c'eſt à dire qu'elles ne ſeront jamais anéanties & qu'elles ſubſiſteront éternellement.

nellement. La premiere se prend du côté de la sagesse de l'Auteur qui leur a
donné l'Estre , & les à tiré du néant,
laquelle estant infinie, ne souffre pas de
semblables changemens.

Celuy qui bâtit un edifice & le jette
par terre pour le retablir decouvre son
ignorance ; Celuy qui arrache les arbres
qu'il a plantés aussi-tost qu'ils ont pris
racine, montre sa legereté , parce que
celuy qui veut & ne veut plus, manque
de lumiere & de fermeté d'esprit. Mais
la sagesse infinie de Dieu ne souffre n'y
caprice ny ignorance, ce qu'il a voulu, il
le veut encore & le voudra toûjours, &
ainsi aucune substance ne sera jamais a-
néantie, elles subsisteront toutes éternellement.

Une autre preuve tres-évidente &
nouvelle de l'Immortalité de toutes les
substances est que leur existence ne dé-
pend point de leur mode n'y de leur
maniere; Car il est de la nature d'un
accident & de la maniere d'une chose, de
pouvoir en estre separé , sans emporter

C 2   aprés

aprés foy la deſtruction & l'anéantiſſiment du ſujet auquel il eſt attaché, *Accidens eſt id quod poteſt adeſſe & abeſſe à ſubjecto abſque ſubjecti interitu:* Changez la figure d'un corps & de rond faites le quarré; que celuy qui eſt en mouvement ſoit mis en repos, ou bien que celuy qui eſt en repos, ſoit mis en mouvement, tous ces changement ne cauſeront jamais l'anéantiſſement de ces ſubſtances. Le temps & la durée des creatures, Meſſieurs, eſt un accident à leur égard & dont l'union ou la ſéparation ne peuvent par conſéquant leur ôter le privilege de l'indefectibilité, ny de l'exiſtence: Mais ſuppoſons que le temps & la durée ſoient ſeparez de toutes les ſubſtances, ce qui n'eſt pas impoſſible à Dieu, que deviendront-elles, ſans-doute, qu'elles n'auront plus qu'un inſtant & un point indiviſible d'exiſtence, dans lequel il eſt impoſſible de trouver l'être & le non être: Et ainſi toutes les ſubſtances,tant ſpirituelles,que materielles, ſubſiſteront Éternellement

&

& ne peuvent eftre anéanties , Dieu
leur ayant donné un être indefectible
par luy-même ; fa fageffe infinie Soppo-
fant encore à cette deftruction. Cette
penfée eftant extraordinaire merite bien
d'être traitée ailleurs avec plus d'étenduë pour les confequances avantageufes
que l'on en peut tirer en faveur de la veritable Religion. Elle détruit efficace-
ment la doctrine de la Religion Romai-
ne touchant la tranfubftantiation du
Pain au corps de Jefu-Chrift par voïe
d'anéantiffement du pain , comme
l'explique l'Ange de leur Théologie
Thomas d'Aquin , ce qui fait cependant le capital de leur féparation d'a-
vec nous.

Non, Mrs. , nous n'avons pas encore eu l'experience , de l'anéantiffement d'aucune créature & nous n'en aurons jamais. Il eft vray que nous avons
veu des changemens tres-confiderables
dans la nature , & que nous en verrons
encore ; *Erunt figna in Sole & Luna &*
Stellis ; mais n'en craignons pas l'ané-

C 3 antif-

antiffement d'aucune fubftance. je tombe d'accord contre le fentiment d'Ariftote & de toute fon Ecole, que les Cieux font corruptibles. C'eft affez pour appuier ma penfée , que nous ayons l'experience que le Soleil s'eft quelquefois fi fort obfcurci par le moyen des taches qui s'eftoient formées fur fa furface, que nous avions fujet de craindre que nôtre Terre & toutes les autres Planetes qui empruntent de luy leur lumiere ne demeuraflent dans de continuelles tenebres, fi ces macules fe fuffent augmentées & affermies : Et je puis facilement concevoir comme, avec un peu de changement dans la matiere du Soleil, & dans le mouvement qui l'agite, il péut devenir une Terre ; & comme la terre tout au contraire avec toutes les autres planetes peuvent devenir des Etoiles : comme la terre en perdant une partie du mouvement de la matiere qui l'environne, peut eftre pouffée vers le centre de fon Ciel où fe retrouve le Soleil, & abforbée dans cet Ocean de flammes, eftre

diffidiſſipée en un moment par la rapidité du cours de la matiere qui le compoſe. Ou bien ſi elle vient à acquerir un nouveau degré de mouvement, comme elle peut monter plus haut, & ayant à ſa rencontre quelques autres planetes, ſouffrir par leur choc des changemens tres-conſiderables ; comme auſſi elle peut prendre un cours errant & irregulier ſemblable à celuy des Cometes, qui probablement ne ſont pas fort differentes de nôtre Terre quant à la matiere, qui les compoſe. C'eſt ce que l'on peut faire comprendre d'une maniere tres-nette & tres-facile : Mais pour l'anéantiſſement d'aucune ſubſtance, cela paſſe la pénétration de mon eſprit, & j'avouë que je trouve plus de difficulté & d'implicance à le concevoir, qu'à comprendre une montagne ſans vallée: Car je ne dois pas refuſer à la puiſſance de Dieu ce qui ne me paroiſt pas contraire à ſa ſageſſe, comme l'anéantiſſement des ſubſtances, outre que ce changement ne ſeroit pas ſi grand, ne ſe faiſant qu'au regard des acci-

dens

dens de la matiere ; que feroit celuy qui arriveroit par la deftruction totale d'une fubftance.

C'eft en cette premiere maniere que nous difons que nôtre Ame & toutes les autres fubftances font immortelles, e-ftant indefectibles en leur fubftance.

Mais l'immortalité prife dans le fecond fens , eft particuliere à l'ame & aux autres fubftances fpirituelles, entant qu'elles font degagées de la matiere , & qu'elles ne font point compofées de par-ties , & qu'ainfi elles ne peuvent perir par le moyen de leurs feparations , com-me les corps & par la ceffation du mou-vement qui leur donnoit la vie.

Si nous faifons la moindre attention à ce qui fe paffe dans nôtre Ame, nous ferons convaincus qu'elle n'eft point un corps, qu'elle en eft entiérement fépa-rée , & que par confequant la deftru-ction de nôtre Corps n'emporte point la deftruction de nôtre Ame , & qu'elle ne donne aucune atteinte à fon exi-ftence.

Nous

Nous fçavons parfaitement ce que c'eft que nôtre ame, nous ne pouvons douter que ce ne foit une fubftance qui penfe (c'eft la premiere & la plus certaine de toutes nos connoiffances, & le principe de la certitude de toutes les autres.)

Nous fommes interieurement perfuadez par autant d'experiences qu'il y a de momens en nôtre vie, qu'elle a le pouvoir d'appercevoir les objets & d'en former des idées, qu'elle affirme, qu'elle nie, qu'elle doute, qu'elle aime, qu'elle hait, qu'elle craint, qu'elle a de la joye, de la trifteffe, du plaifir, de la douleur : C'eft ce que perfonne ne peut nier fans faire violence aux lumieres qui le pénétrent, & qni font plus évidentes que celles du Soleil en fon midy.

L'idée que nous avons de la fubftance corporelle eft bien differente de celle-là, Mrs., qui ne nous reprefente qu'une chofe étenduë en longueur, largeur & profondeur, divifible, capable de mouvement

C 5   vement

vement & de repos, & de toute forte
d'arrangement & de configurations dans
toutes les parties qui la compofent.

Mais faifons à prefent comparaifon de
ces deux fubftances, & voyons quel
rapport elles auront entre elles. Une
fubftance qui penfe, peut-elle eftre une
fubftance étenduë ? ou bien une fubftance etenduë, peut-elle eftre une fubftance qui penfe & acquerir le pouvoir de
penfer ? la figure ronde ou quarrée d'un
corps peut-elle eftre un doute ? une af-
firmation ou une négation ? le mouvement & le repos d'un corps peuvent-ils
eftre une paffion d'amour ou de trifteffe?
de plaifir ou de douleur ? degénerofité
ou de crainte ? C'eft ce qu'une perfonne
de bon fens n'accordera jamais.

Ce qui penfe en nous n'eftant donc
ny étendu ny divifible, ny rond, ny
quarré, ny grand, ny petit, ny en
mouvement, ny en repos : Et tout
au contraire noftre corps n'eftant pas capable de penfer, ny par confequant d'a-
mour, ny de crainte, de joye ny de trifteffe,

steffe , de plaisir ny ne douleur , ces
paffions ne pouvant eftre que des penfées & des modifications de nôtre ame:
Il eft demonftratif que ce qui penfe en
nous, eft entierement diftingué de nôtre corps , & que par confequant nôtre
ame peut fubfifter féparément de luy,
toutes les propriétez qui fe retrouvent
dans ces deux fubftances n'ayant aucun
rapport entre elles & eftant entierement
diverfes: Et qu'ainfi la deftruction de
l'un n'emporte point la deftruction de
l'autre , & que la mort de nôtre corps
ne donne aucune atteinte à la vie de nôtre ame; qu'il peut eftre détruit , non
par l'anéantiffement ; cela eftant impoffible, mais en la maniere que nous
difons qu'un horloge eft detruit , lors
que les rouës en font rompuës, la matiere demeurant toûjours dans la nature,
fans que l'ame qui n'eft point compofée
de parties , puiffé en reffentir les effets
par la deftruction de fa fubftance.

Cette preuve, Meff. de l'Immorta-
fité de noftre Ame defarme fans con-
tredir

tredit tout ce qu'il y a jamais eu de libertins qui ont ofé la nier. Il faut cependant accorder, que fi nous admettons dans les Bêtes le moindre degré de connoiffance, de joye, de trifteffe, de plaifir, de douleur, de haine & d'amour, & de toutes les autres paffions qu'on leur attribuë: il faut leur accorder une Ame qui foit le fujet de toutes ces operations, & qui foit entierement diftinguée de leur corps, qui n'en eft aucunement capable: Mais fi elle eft mortelle comme l'opinion commune l'accorde, nous fommes neceffairement obligez d'avoüer que la nôtre l'eft auffi; car celle des Bêtes ne pouvant eftre compofée de parties étenduës, non plus que la nôtre, elle ne peut perir que par l'anéantiffement, donc les fubftances fpirituelles peuvent eftre naturellement detruites; donc la noftre peut périr par cette voye & nous n'avons plus de preuves pour en appuyer l'immortalité. C'eft en quoy, Meff. fa condition feroit pire que celle du corps, qui ne périt que par la

fepa-

feparation de fes parties, eftant immor-
tel dans fa fubftance au premier fens que
nous avons expliqué l'immortalité.

Sans-doute que vous accorderez à prefent, Meffieurs, que cette opinion quoy-
qu'univerfelle defarme la Religion de
fes principes, qu'elle en ruïne les fondemens, & que fi cette erreur fubfiftoit
avec toute la fuite des confequances dé-
monftratives que l'on en peut tirer, la
Religion ne feroit plus qu'un Phantôme
& une Chimére.

Vous avoüerez donc avec l'Ecriture,
Meffieurs, que la Bête n'a point d'autre
ame que les diverfes agitations de fon
fang, *Anima eorum in fanguine*, & vous
ne refuferez pas à prefent un fens litteral
à ce paffage; puifque nous ne le devons
jamais faire que lors qu'il emporte avec
foy quelque confequance contraire à la
foy orthodoxe. A quoy bon donc avoir
recours à des fens allegoriques pour
expliquer celuy-cy, puifque le prenant
à la lettre, il s'accorde parfaitement
bien avec tout ce que la Religion nous

en

enseigne de la Majesté infinie des perfections de Dieu. Pouvant de plus satisfaire à la curiosité que vous avez d'apprendre comment toutes les actions les plus surprenantes des Bêtes se peuvent expliquer d'une maniere fort intelligible, n'ayant recours qu'à la seule disposition des parties de leur corps & aux divers mouvemens que le sang y produit par son action, ce que nous ferons une autrefois, où que vous pourez voir entre les mains de l'Imprimeur. Car il est temps de vous remercier, Mrs. de l'honneur de vôtre presence ; pour ne point abuser d'avantage de vôtre patience par ma longueur, Et de vous demander excuse si l'eloquence de mon discours & l'elevation de mes pensées n'ont pas répondu à la Maj. d'une si noble Audiance.

L'on aura aussi raison, Mrs. de me dire, que i'ay avancé icy plusieurs propositions, lesquelles, quoy qu'un peu extraordinaires, n'ont pas esté assez poussées. Je vous l'avoüe, Mrs. n'ayant pu le faire en si peu de temps, & les reservant pour me servir de matiere à plusieurs autres discours que j'espere avoir l'honneur de vous faire.

LA BESTE

Transformée en Machine.

PAR

J. DARMANSON

Seconde Conference.

SECONDE CONFERENCE.

Ce que nous devons croire des ope-
rations des Bêtes.

ien que nous ayons fait
voir d'une maniere aſſez
claire, dans nôtre premiere Conference, que la connoiſſance & les paſſions
que l'opinion commune attribuë aux Bêtes, combat les fondemens de la Religion, fournit des armes aux opinions
les plus impies & les plus libertines,& ne
s'accorde en aucune maniere avec les
ſentimens que la piété Chrétienne doit
nous inſpirer : cependant ce prejugé,
aidé par les raiſonnemens apparans
d'une fauſſe Philoſophie, a jetté des
racines ſi profondes,que pour achever de
mettre l'auditeur dans des diſpoſitions
favorables à entrer ſans ſcruple dans
l'explication mecanique que nous entre-
prenons de donner de tout ce que nous
appercevons de plus ſurprenant dans les
Bêtes, nous devons lever deux obſta-
cles

cles qu'ils y forment. Le Premier se
tire des actions surprenantes des Bêtes,
qu'ils croient ne pouvoir être expliquées
sans le secours d'un principe de connoissance & par la seule disposition de la
machine. Ils fondent le second sur la
ressemblance qui se retrouve entre les
actions des animaux & celles des hommes, lesquelles selon leur sentiment
estant toutes causées par nostre ame,
doivent aussi avoir un semblable principe dans les Bêtes. Voilà le fort de
leurs sentimens, ce sont là les derniers
boulevars où ils ont accoutumé de se re-
trancher; mais qui ne nous seront pas
insurmontables, si nous ôtons aux substances spiritüelles & à tout ce qui est
capable de connoissance le pouvoir de
communiquer aucun mouvement aux
substances corporelles, si nous mon-
trons que nôtre ame n'a aucune part
aux mouvemens les plus considerables
de nôtre corps, & que s'il y en a
quelques-uns auxquels elle semble par-
ticiper, qu'elle n'en peut estre la cause ve-

fe veritable , mais feulement occafionelle.

Pour peu que nous ayons de connoif-
fanee des principes de la véritable Philofophie , nous fçavons que l'on n'y
peut faire aucun pas que par la connoiffance exacte de la diftinction qui fe retrouve entre la fubftance fpiritüelle & la
fubftance corporelle, & toutes leurs propriétez, qui font tellement feparées les
unes des autres, que nous ne devons jamais attribüer à l'une ce que nous remarquons appartenir à l'autre.

Si nous gouvernons nos penfées avec
métode , cette diftinction ne nous paroitra pas difficile à faire ; nous l'apper-
cevrons d'une fimple veuë & nous re-
connoitrons enfuite fans aucun obftacle
les erreurs de nos prejugés & celles de
l'ancienne Philofophie , qui faute de ce
difcernement n'eft qu'un Caos rempli
de tenebres & de confufion qui offufque
nôtre efprit au lieu de l'eclairer, & ne
fert qu'à le faire defcendre dans un degré encore plus bas que la fimple ignorance ;

rance ; car fi nous nous perfuadons que par le fecours de fes principes , nous pouvons eftre inftruits de la nature des chofes, nous ne fommes plus dans la difpofition de le pouvoir eftre.

Nous n'avons que de deux fortes d'idées , idée d'efprit, idée de corps ; & ne devant dire que ce que nous concevons nous ne devons raifonner que felon ces deux idées.

L'idée que nous avons de tous les corps nous fait affez connoître qu'ils n'ont pas le pouvoir de fe remuer d'eux même ,un grain de moutarde non plus qu'une montagne ne peut pas fe remuer de luymême. Si nous examinons l'idée que nons avons des Efprits & des Intelligences finies, nous ne voyons point qu'il y ait de liaifon neceffaire entre leur volonté & le mouvement de quelque corps que ce foit ; au contraire nous voyons qu'il ny en a aucune & qu'il n'y en peut même avoir , & qu'un efprit n'a pas plus de pouvoir de donner le mouvement à un corps, qu'un corps en a de fe le donner à foyà foy-même. Si nous voulons remuer le bras, nous avons befoin d'efprits animaux, nous devons les envoyer par de certains nerfs vers de certains mufcles pour les enfler & les racourcir; e'eft ainfi que le bras fe remuë; mais eft-il befoin de fçavoir toutes ces chofes pour pouvoir remuer nos membres? nullement, puis que fouvant ceux qui n'en ont aucune connoiffance les remuent avec beaucoup plus de dexterité que ceux qui en font les mieux inftruits; ce n'eft donc pas nôtre Ame qui eft la caufe véritable du mouvement de nôtre bras, & fi ce mouvement obeït à fa volonté, elle n'en peut eftre que la caufe occafionelle. Qui peut donc eftre la caufe véritable des mouvemens de nôtre corps comme de ceux de tous les autres: Si nous faifons attention à l'idée que nous avons d'un Dieu, c'eft à dire d'un Eftre infiniment parfait & par conféquant toutpuiffant, nous connoîtrons qu'il y a une telle liaifon entre fa volonté & le mouvement de tous les corps, qu'il eft impoffible de

conce-

concevoir qu'il veuille qu'un corps ſoit
meu, & que ce corps ne le ſoit pas, &
ainſi ne devant dire les choſes que ſelon
que nous les concevons nous devons
conclure, qu'il n'y a que la volonté de
Dieu qui ait le véritable pouvoir de remuer les corps.   Gardons nous donc
bien d'admettre dans les eſprits le pouvoir de communiquer quelque mouvement aux corps; non plus que dans les
corps des formes, des facultez & des qualitez rëelles à la maniere de l'ancienne
Philoſophie, ſi nous ne voulons dérober à
Dieu la force & la puiſſance qui luy ſont
tellement eſſentielles, qu'il ſemble qu'il y
ait contradiction à dire que Dieu peut
communiquer à l'homme ou à l'Ange le
pouvoir de mouvoir un corps immediatement par luy-même & comme cauſe
véritable: Car qui dit une cauſe véritable, dit une cauſe entre laquelle & ſon
effet, nous appercevons une liaiſon neceſſaire; mais il n'y a que l'Eſtre infiniment parfait, entre la volonté duquel
& les effets, l'eſprit apperçoive une liai-
.ſon

son neceſſaire. Il n'y a donc que Dieu qui ſoit véritable cauſe, & qui ait véritablement la puiſſance de mouvoir les corps.

Si Dieu pouvoit communiquer à l'homme ou à l'ange le pouvoir, il pourroit auſſi leur donner celuy de créer, d'anéantir & de faire toutes les choſes poſſibles, en un mot les rendre tout-puiſſans & en faire des Divinitéz ce qui n'eſt pas concevable.

Si nous faiſons dépendre par cette doctrine tous les mouvemens des corps de l'action & du concours immediat de Dieu, nous ſommes obligez par une ſuitte de raiſonnemens demonſtratifs, que l'on a expoſé ailleurs plus au long, de mettre toutes les operations de nos Ames & de toutes les Intelligences, dans une ſemblable dependance à ſon égard, de dire qu'elles ne peuvent rien connoître ſi Dieu ne les éclaire immediatement par luy-même, qu'elles ne peuvent rien ſentir, ſi Dieu ne les modifie & ne leur imprime ces ſentimens imme-

immediatement par luy-même, à l'occasion cependant de ce qui se passe dans les corps ausquels elles sont unies. Nous nous gardons bien de dire que les objets exterieurs soient la veritable cause de l'idée que nôtre ame en a, nous n'osons avoir recours aux especes expresses & impresses pour cela, nous rejettons bien loing ces formes, ces facultez, ces qualitez, ces vertus & ces astres réels, capables de produire de certains effets par la force de leur nature à la maniere de la Philosophie ancienne, toute payenne dans les sentimens aussi bien que dans son auteur, & dont les principes ne tendent qu'à en établir la Religion. Nous mettons, dis-je, nôtre ame dans une telles dependance à l'égard de Dieu, que nous nous éloignons même de dire qu'elle ait le pouvoir de produïre des idées par elle-même, de peur de donner atteinte à la puissance & à la sagesse de son auteur, nous ne disons pas qu'elle contienne éminemment ses pensées, comme parlent d'autres Philosophes, ny

qu'elle

qu'elle les apperçoive en considerant ses propres perfections, n'y ayant que Dieu seul qui ait ce privilege ; nous confessons tout au contraire avec St. Augustin, que nous ne sommes pas à nous-mêmes nôtre propre lumiere, *Dic quia tu tibi lumen non es :* Nous mettons nôtre esprit dans une véritable dependance de son Createur ; nous disons qu'il est tres-étroitement uni à nôtre ame par une presence tres-intime, ensorte que l'on doit dire, qu'il est le lieu des esprits de-même que les espaces sont les lieux des corps, & que nous ne pouvons rien appercevoir que dans luy-même, disans avec St. Paul, *non sumus sufficientes aliquid cogitare ex nobis, tanquam ex nobis. Sed sufficientia nostra à Deo est ;* & qu'en Dieu qui éclaire le Philosophe immediatement par luy-même dans les connoissances que les hommes ingrats appellent naturelles, quoy qu'elles ne leur viennent que du Ciel : *Deus enim illis manifestavit.* C'est luy proprement qui est la lumiere des esprits & le pere des

D lumie-

lumieres *defcendens à patre luminum*; c'eft luy qui enfeigne la fçience aux hommes, *qui docet hominem fcientiam*, en un mot c'eft la véritable lumiere qui éclaire tout ceux qui viennent en ce monde: *lux vera quæ illuminat omnem hominem venientem in hunc mundum*: Car il eft jufte que la creature foit fpirituelle, foit materielle, ne puiffe rien faire fans le cours & la dependance du Createur.

Si donc nôtre corps obeït dans de certains mouvemens aux volontez de nôtre ame, ce n'eft pas qu'elle agiffe fur luy immédiatement par elle même, elles ne fervent que d'occafion à la caufe univerfelle de luy imprimer ce mouvement, en conféquence des loix générales qu'elle a établies dans la premiere inftitution des chofes; & lors que nous devons expliquer cette union admirable qui eft entre nôtre ame & nôtre corps, nous fômmes obligez d'avoir recours à la prefence intime de nôtre Createur, qui établit immediatement par luy-même la dependance réciproque qui fe retrouve

trouve entre quelques penſées de nôtre
eſprit & quelques mouvemens de nôtre
corps, diſant avec St. Paul: *In eo vi-*
vimus, movemur & ſumus: que nous vi-
vons dans Dieu, que nous ſommes dans
Dieu & que nous ſommes tout penetrez
de Dieu.

C'eſt ainſi que nôtre Philoſophie,
Meſſieurs, n'accordant jamais ſon con-
ſentement qu'à ce qui luy paroit clair &
evident, doit mettre la creature dans une
entiere dependance de ſon Createur, non
ſeulement pour ce qui regarde ſon exiſtance, mais encore pour ce qui touche
toutes ſes operations. C'eſt en quoy
nous pouvons reconnoître la certitude
de ſes principes, puis qu'ils ſ'accordent
ſi parfaitement avec ceux de l'Evangile,
pour ruïner toutes les raiſons des libertins & pour établir les fondemens d'une
pieté ſolide, en nous enſeignant qu'il
ne faut aymer qu'un Dieu, puis qu'il n'y
a qu'un Dieu qui puiſſe agir ſur nous, &
qui par conſequant puiſſe nous rendre
heureux ou mal-heureux. Noſtre Phi-

loſophie

lofophie nous fait connoître qu'il n'y a
qu'une véritable caufe comme l'Evangile nous apprend qu'il n'y a qu'un Dieu,
l'Ecriture nous dit que toutes les divini-
tés du Pagnifme ne font que des pierres
& des metaux fans vie & fans mouvement,
cette Philofophie nous decouvre auffi
que toutes les caufes fecondes ne font
que de la matiere & des volontez ineffi-
eaces. Enfin l'Ecriture nous deffend
de flêchir les genoux devant les Dieux
qui ne font point Dieux : nôtre Philofophie nous apprend auffi que nôtre
imagination & nôtre Efprit ne doivent
point s'abbatre devant la grandeur & la
puiffance imaginaire des caufes qui ne
font point caufes; qu'il ne faut, ny les
aimer, ny les craindre, qu'il ne faut
point s'en occuper, qu'il ne faut penfer
qu'à Dieu feul, voir Dieu en toutes
chofes, adorer Dieu en toutes chofes;
craindre & aimer Dieu en toutes chofes;
L'Ecriture nous enfeigne que nôtre nature eft corrompuë, que nous naiffons
tous enfans de colere, que nous avons
befoin

befoin d'un liberateur & d'un média-
teur ; & les lumieres de nôtre Philofophie nous decouvrent, que Dieu ne
pouvant créer la créature que pour luy,
il ne peut avoir fait nôtre Efprit que
pour le connôître & nôtre cœur que
pour l'aimer, que nôtre nature eft par
confequent dans le defordre, puis qu'elle s'oppofe à cette loy, nôtre efprit dé-
pendant à prefent de nôtre corps, nô-
rre raifon de nos fens, & nôtre volonté
de nos paffions ; que nous fommes dans
l'impuiffance de faire ce que nous voyons
clairement, que nous devons faire : que
nous devons par confequent avoir recours à un liberateur, pour nous guérir
de nos maladies & nous delivrer de la
captivité de nôtre corruption. L'Ecriture nous condamne à une vie laborieufe
& penitante, & nôtre Philofophie
nous enfeigne, que nous devons nous
éloigner autant que nous pouvons de la
joüiffance des objets fenfibles & de toutes les creatures, pour pouvoir plus facilement & avec moins, d'obftacles nous

D 3   unir

unir à nôtre Créateur , que par confequent l'Evangile qui nous enfeigne toutes ces chofes , eſt le plus folide de tous
les livres , que c'eſt la voye la plus a-
bregée que nous ayons pour nous in-
ſtruire de nos devoirs , & qu'ainfi Jefus-
Chriſt qui en eſt l'Auteur connoiſſoit
parfaitement la maladie & le defordre
de notre nature , qu'il y a remedié de
la maniere la plus utile pour nous &
la plus digne de luy , qui fe puiſſe concevoir.

Nous ne devons donc pas eſtre d'accord avec ceux qui s'imaginent qu'il n'y
doit avoir aucun commerce entre la Theologie & la Philofophie & que ce font
deux fçiences entierement feparées &
qui ne doivent avoir aucune communication ; ce qui eſt peut être veritable, fi
nous avons égard à la maniere qu'ils
traitent cette derniere; & à la Philofophie payenne d'Ariſtote qu'ils préten-
dent juſtifier.

Mais je foutiens avec beaucoup plus
de vérité, que fi nous ne nous fervons
que

que de principes evidens, & que si nous
ne raisonnons que consequemment selon ces principes, nous decouvrirons
par ce moyen les mêmes véritez, que
celles que nous apprenons dans l'Evangile, puis que c'est la même sagesse qui
parle immediatement par elle-même
à ceux qui decouvrent la vérité dans
l'evidence des raisonnemens, & qui
parle par les saincts Ecritures à ceux
qui en prennent bien le sens : & cette
meditation a cet avantage, qu'elle sert
à nous persuader par son evidence des
veritez dont nous sommes seulement
convaincus par l'autorité & la certitude
des Ecritures saintes, & que nous pouvons par ce moyen convaincre d'erreur
les impies, qui n'ayant aucun respect
pour l'autorité des divines Ecritures, ne
peuvent être redressez que par la voye
de la raison.

Trouvera-t-on donc encor des plumes
& des langues assez medisantes ou assez ignorantes pour condamner cette
Philosophie, en poussant leurs calom-

D 4   nies

nie si loin, qu'ils osent l'accuser de jet-
ter dans les cœurs des semences d'im-
piété & d'atheïsme, ce que la nôtre
peut dire avec beaccoup plus de raison de celle qu'ils professent, & qui
en sera enfin vaincue, puis qu'il est ju-
ste & necessaire que la vérité triomphe
de l'erreur lors qu'elle en aura fait paroître evidemment les desordres.

Cette digression, Messieurs, qui
paroît un peu eloignée de mon dessein,
n'est pas cependant sans dessein, puis
qu'elle innocente nôtre Philosophie
des calomnies dont on a tâché de la
noircir. Elle a cependant ce raport
avec le sujet que je traite, que nous ser-
vant à nous persuader de la solidité des
principes que nous mettons en usage, à
cause de leur liaison avec les veritez que
la foy nous rend infaillibles, & nous dé-
couvrant qu'il n'y a que Dieu seul qui soit
la véritable cause de tout ce qui se produit dans la nature, que c'est inutilement
que nous avons recours à une ame, &
à un principe de connoissance autre que
　　　　　　　　　　　　　Dieu,

Dieu, pour expliquer tout ce que nous voyons de plus furprenant dans les Bêtes ; & qui ne nous furprendront plus , lors que nous n'aurons recours qu'à la fageffe infinie de celuy qui les a formées , qui les gouverne , quoi-que nous y decouvrions des chofes beaucoup plus reglées & plus adroites que dans les nôtres , parce qu'eſtant dans un eſtat de corruption , il nous y reſte une liberté corrompuë qui a le facheux privilege de mal determiner ceite cauſe univerſelle , qui agiſſant toute ſeule dans le gouvernement des Bêtes , les exemte de quantité de defordres où nôtre corruption nous engage : Car c'eſt l'auteur de nôtre Eſtre qui execute toutes nos volontez : *ſemel juſſit , ſempér paret ;* c'eſt luy-même qui remuë nos membres lors que nous nous en ſervons contre ſon ordre , c'eſt auſſi pour ce ſujet qu'il ſe plaint par ſes Prophétes que nous le faiſons ſervir à nos defirs injuſtes & criminels.

Ce n'eſt pas que nous deuſſions croi-

D 5

re

re que noſtre ame ait part à tous les
mouvemens qui ſe font en nous, puis
que nous ne devons luy rien attribuer,
que ce qu'elle-même ſçait bien luy appartenir; ſuivant quoy nous ſommes o-
bligez de reconnoiſtre qu'il ſe paſſe en
nous une infinité de mouvemens inde-
pendemment de noſtre ame.

Commençons par ce qui ſe trouve de
plus admirable dans le corps de l'homme, qui eſt ſans doute la formation dans
le ventre de ſa mere: il eſt conſtant que
cela ſe fait ſans le ſecours d'une ame, cela luy eſt commu avec la Béte, & cependant tout ce qui nous ſurprend dans
leurs operations & qui ſemble nous obli-
ger de leur accorder quelque connoiſſance, n'eſt rien en comparaiſon de l'artifice admirable que renferme en ſoy la
machine de nos corps & des leurs. Car
qu'y a-t-il de plus merveilleux que la diſpoſition & l'arrangement de leurs parties? Ces os diſtribuez avec tant d'indu-
ſtrie, pour eſtre comme les fondemens
& les colomnes ſur qui tout l'edifice de

cette

cette machine doit eſtre appuyé ; les
veines & les arteres répanduës par tout
le corps, pour y porter la nouriture, la
vie & la chaleur en même temps, les
nerfs., les muſcles, les tendons. les
veines limphatiques, les veines lactées,
tant d'autres tuyaux inſenſibles, en un
mot, un million de parties que toute la
ſçience des Anatomiſtes ne peut decou-
vrir, que les yeux ne ſçauroient appercevoir & qui paſſent même l'étenduë de
nôtre imagination: Le cerveau ſeul ſuf-
firoit pour occuper les veilles & les me-
ditations de tout ce qu'il y a d'hommes
dans le monde ſans qu'ils puiſſent bien
developper l'œconomie, le nombre &
l'uſage de toutes les parties, dont il eſt
compoſé. Les yeux ſont des chefs d'œu-
vre que l'on ne peut aſſez admirer: Ces
tuniques, ces humeurs y ſont diſpoſées
avec un ſi grand artifice, qu'il eſt impoſſible d'y apporter le moindre changement ſans détruire tout l'ordre de la
viſion: Mais ſi la formation de noſtre
corps ne depend point des operations

de

de noftre ame, il eft auffi véritable qu'elle ne contribuë en rien à une infinité de fes mouvemens, qui fe font independament d'elle & fouvant même contre fa volonté, ce qui fe paffe dans toutes les maladies ne nous en perfuade que trop. L'effort de nos paffions l'emporte fouvant contre toute la refiftance de noftre ame, & font faire à noftre corps des mouvemens, qu'il luy eft impoffible d'empécher. Lors que nous parlons, noftre ame fait-elle attention à la diverfité furprenante des mouvemens qui font neceffaires pour la parole, penfe-t-elle à pouffer l'air des poumons jufque dans la bouche, à ouvrir la bouche en écartant les levres, à la fermer en les rapprochant, à hauffer, baiffer, lier & mouvoir la langue de tant de façons? noftre ame n'a aucune part à tous ces mouvemens, & perfonne ne dira qu'en voulant parler, il penfe à autre chofe qu'aux paroles qu'il veut prononcer.

Combien de fois nous arrive-t-il de prononcer une priere entiere, pendant que

que noftre ame eft appliquée à toute autre chofe? Sans doute qu'il ne fe peut rien trouver de plus merveilleux dans la Bête. Ce ne feroit jamais fait fi nous voulions parcourir tout ce qui fe paffe en nous, independament de noftre ame : Je diray en un mot que nous devons nous detromper du prejugé commun qui nous fait croire que c'eft noftre ame qui donne la vie à noftre corps, puis qu'elle confifte dans la circulation du fang & dans les mouvemens propres pour fa confervation, au lieu que la vie de noftre ame ne confifte que dans les operations de fa penfée, qu'elle ne peut pas luy communiquer, puis qu'il luy eft impoffible de pouvoir le faire penfer. Elle ne peut non plus luy communiquer la vie par laquelle il fe nourrit, & croift, &c. puis qu'elle ne fçait pas même ce qu'il faut faire pour digerer ce qu'on mange, non plus que le faire fentir, puis que la matiere eft incapable de fentimens, d'où il nous eft facile de conclure; que ce n'eft pas la feparation de noftre ame de

noftre

noſtre corps qui luy cauſe la mort, en
ſorte que ſi une ame ſe ſeparoit d'un
corps qui ſeroit en parfaite ſanté, il ne
laiſſeroit pas de vivre à la maniere de
celuy des Bêtes. Nous devons auſſi in-
ferer de là, que quand nous ſerions dans
l'impuiſſance de rendre des raiſons me-
caniques des operations des Bêtes, d'une
maniere auſſi pertinente que fait un Or-
logeur de tous les mouvemens de ſon
orloge par la diſpoſition des rouës, il ne
faudroit pas avoir recours pour cela à la
preſence d'une ame qui n'y ſert de rien,
& qui embaraſſe plus cette explication
qu'elle ne luy aide.

Mais il eſt temps d'entrer dans l'explication particuliere de cette machine.
Suppoſons auparavant, que l'auteur qui
luy a donné l'eſtre eſt auſſi celuy qui à
formé toute la nature & qu'il a mis une
telle diſpoſition entre tous les corps qui
l'environnent & qui peuvent agir ſur elle, qu'elle ſera diſpoſée à s'eloigner de
ceux qui pourront luy porter préjudice,
& au-contraire à ſe mouvoir vers ceux
qui luy ſeront convenables. Cela

Cela estant supposé , considerons le plus sommairement qu'il nous sera possible les parties interieures d'un chien, par exemple, en quoy je garderay le même ordre , comme en ce qui me reste à dire , qu'un excellent auteur a gardé en traitant avant moy de cette matiere, ne pouvant rien dire de plus adroit : & je n'ajoûteray par tant à ses pensées que je les abbregeray pour ne point passer les bornes, d'une conferance : car ce qui m'a determiné en partie à dire ce que j'ay avancé cy-dessus a esté pour procurer plus de croyance à la sçavante explication qu'il en a faite, en détruisant tous les autres moyens dont on voudroit se servir pour rendre raison des operations des Bêtes.

Ce que nous devons premierement considerer dans cette machine, c'est le cœur partagé en deux cavitez : l'une appellée le ventricule droit, & l'autre le ventricule gauche : Que les veines se terminent & se rassemblent toutes dans le ventricule droit, où elles se déchargent

gent du sang qu'elles contiennent : Que
ce sang fait a fait qu'il y tombe goutte à
goutte, se rarefie & se dilatte par la chaleur de cette partie, & ne trouvant plus
d'issuë par les endroits où il est entré, parce que ces portes ou valvules ne peuvent
s'ouvrir que de dehors, en dedans, il est
obligé de s'échapper par trois autres du
même ventricule qui ne s'ouvrent que de
dedans en dehors, où aboutit l'artere pulmonaire par où il est conduit dans les
poulmons pour y estre rafraichi : Or les
poulmons s'affoiblissans lorsque l'air dót
ils sont pleins vient à en sortir, ils pous-
sent ce sang qui est répandu dans toute
sa substance vers le ventricule gauche du
cœur par un autre canal que l'on nomme veine pulmonaire, où se rarefiant
encore, il est obligé d'en sortir par trois
valvules qui luy ouvrent l'entrée de la
grande artere laquelle se divise en deux
branches, l'une qui tend en haut l'autre
dans les parties basses, & qui se subdi-
visent ensuitte en une infinité de petis ra-
maux pui portent ce sang dans toutes les
parties

partics du corps, où fe dechargeant dans les veines elles le reconduifent dans le ventricule droit du cœur & y circule ainfi continuellement enforte que l'on fuppute que le fang d'un homme paffe au moins foixante fois dans fon cœur pendant l'efpace de vingt-quatre heures; voilà ce qui donne proprement la vie à nôtre corps auffi bien qu'à toutes les Bêtes, & auffitoft que cettè circulation ceffe, l'animal ceffe auffi de vivre; nôtre ame ne donne donc en aucune maniere la vie à nôtre corps, puis qu'elle n'a aucune part à cette circulation qui eft ignorée de la plus part & qui n'eft decouverte que depuis peu.

Confiderons enfuite le cerveau de cet animal, qui eft une fubftance molle, compofée d'un tiffu d'un nombre infiny de petits filets; dont quelqu'es-uns s'uniffans en petits cordons, defcendent dans toutes les parties du corps couvert de deux peaux, qui ne font que des alongemens des deux envelopes du cerveau, qu'on appelle dure & piemere & que l'on nomme des nerfs. Dans

Dans ce cerveau on y voit encore quatre petites cavitez ou ventricules, trois par devant & une par derriere ; fur le paffage du troifiême au quàtrième, il y a une petite glande fufpenduë, qu'on appelle *conarion*· Remarquons encore que cet animal a des mufcles qui ne font qu'un compofé de fibres charneufes, de veines, d'arteres, de nerfs, qu'il fe fait une diffipation continuelle d'un grand nombre de parties du corps qui échappent à tous momens par les pores dont il eft plein, & que le fang qui circule continuélement par toutes les parties du corps repare cette perte en repre-prenant la place de ces parties tranfpi-rées.

Les parties les plus fubtiles du fang fortant du cœur montent à la tefte par le tronc fuperieur de l'aorte, parce qu'il va tout droit, & que les corps qui ont plus de mouvement fuivent toujours la ligne qui fe detourne le moins. Ces efprits a-nimaux, qui ne font que les parties les plus fubtiles & les plus rondes du fang, comme

comme une espece de vent & de fumée
delicate, entrent dans les ventricules
du cerveau dont ils tiennent les parois
interieures écartées & les empechent de
s'abaisser, de là s'insinuant entre les petits filets qui composent les nerfs, ils
les tiennent tendus & empèchent par ce
moyen qu'ils ne s'entrelassent les uns
dans les autres.

Mais comme le sang qui sert à nour-
rir le corps ou qui se convertit en esprits
animaux se dissipe continuellement, ce
qui causeroit en peu de temps la mort
de l'animal, il arrive que lors qu'il passe
le long de l'estomac, ce qu'il contient
de parties tranchantes, & de la nature
de celles dont le vinaigre est composé,
trouvent des pores qui leur sont propor-
tionez, par lesquels elles entrent dans
l'estomac où elles piquent & ebranlent
un nerf, qui fait une espece de couron-
ne à son orifice superieur ; l'ebranle-
ment de ce nerf est porté jusqu'au cerveau, ce qui le fait ouvrir dans des endroits par où les esprits animaux venant
à passer,

à paſſer, coulent en abondance dant les muſcles des jambes; qu'ils enflent de même que l'air enfle un balon, ce qui les oblige de s'elargir, & de ſe racourcir par conſéquant & de tirer à eux la partie où ils aboutiſſent par un tendon qui y eſt attaché : Or chaque muſcle en ayant un autre qui luy eſt oppoſé, & qu'on appelle antagoniſte, il arrive que les eſprits animaux eſtant determinez par le changement que le mouvement de ce premier exerce dans le cerveau à couler dans ſon antagoniſte, où il y a des valvules de communication de l'un & l'autre, ils ouvrent le paſſage aux eſprits qui ſont dans le muſcle qui ſ'eſt mû le premier, & les font entrer dans celuy-cy, ils ferment en même temps l'iſſuë à ceux qui deſcendent du cerveau dans ce dernier : de là vient qu'il s'accourcit à meſure qu'il s'enfle, & que le premier s'alonge à meſure qu'il ſe defenfle; de là on peut facilement juger que ſi cela arrive ſucceſſivement, le corps doit être tranſporté d'un lieu en un autre. Or

toutes

toutes les fois que cet animal aura faim
(en prenant ce mot pour le feul mouvement qui fe fait dans l'eftomac & enfui-
té dans le cerveau) il fera neceffairement
tranfporté de côté& d'autre.

Si nous prefentons un morceau de
pain à un chien qui fera dans ces difpofitions, il eft certain, par le rapport qu'il
y a entre luy & tous les corps qui peuvent luy eftre utiles, que l'impreffion
que cet aliment fera fur les yeux en e-
branlant les filets des nerfs optiques,
doit eftre porté dans le cerveau, où elle fera des ouvertures qui donneront paffage aux efprits animaux pour couler
dans les mufcles dont l'action approche-
ra le chien de cet objet ; d'abord qu'il
fera arrivé proche de cet aliment, les ra-
yons qui continüent d'agir fur le cerveau par les yeux, le trouvant un peu
differemment difpofé, par le changement de figure de l'œuil qui s'alonge à
mefure qui l'objet eft plus proche, ou
les parties qui s'exhalent du pain entrant
dans le nez avec l'air de la refpiration
plus

plus abondamment qu'auparavant, obligent les esprits d'entrer dans les muscles qui servent à remuer les machoires & à avaler les alimens.

Vous comprendrez facilement que ce mouvement des machoires pressant les glandes qui contiennent la salive & qu'on appelle pour ce sujet salivales, elle est exprimée dans le palais, où se mêlant avec ce pain elle sert à en faire la premiere dissolution. Ce que je viens de dire est tres-facile à comprendre, si outre le rapport qu'a cette automate avec tous les autres corps qui l'environnent, on remarque aussi qu'il y a une tres-grande harmonie entre toutes les parties dont il est composé, qui fait que le cerveau s'ouvre si à propos pour procurer à ce chien toutes les choses dont il a besoin pour son entretien.

Si nous considerons ensuitte ce que devient ce pain, nous le trouverons mêlé dans l'estomac avec quelque reste des alimens precedans, qui estant demeurez engagez dans les plis de sa membrane

brane interieure, fe font aigris & fervent avec le fuc acide, dont nous avons
parlé, à exciter une douce fermentation,
par laquelle les viandes commencent
à eftre digerées & reduites en chyle qui
eft une forme de créme grifatre.

Le Diaphragme fe hauffant & fe
baiffant fucceffivement dans chaque refpiration, oblige le chyle à couler dans
les inteftins qui n'en font qu'une conti-
nuation, où les parties les plus fubtiles
s'infinuent dans un nombre infini de petites veines qui y aboutiffent. Ces veines que l'on nomme lactées portent le
chyle par differans conduits dans la veine cave, où circulant avec le fang il en
acquiert la forme infenfiblement; & c'eft
par ce moyen que les parties de cette li-
queur qui fervent à la nouriture & à la
formation des efprits animaux font re-
parez.

Lors que les fonctions continüelles
où les efprits animaux font employez,
en auront diffipé une grande quantité
enforte que le fang ne foit plus capable
d'en

d'en fournir fuffifamment , pour tenir les
parois des ventricules du cerveau écartées , & les filets des nerfs tendus , celles
la s'afaifferont infenfiblement , & ceux-
cy s'entrelafferont , ce qui fera que les
objets ne pourront plus tranfporter leur
action dans le cerveau , & ce chien dor-
mira pour lors , jufqu'à ce qu'il fe foit
formé de nouvaux efprits animaux , qui
le mettent dans l'état précedent qu'on
nomme veille.

Ce que je viens de dire ne fouffre aucune difficulté , il eft cependant trés-evi-
dent que toutes les actions dont je viens
de parler qui regardent la digeftion & la
nourriture ne requerent aucune penfée ,
comme l'experience nous en perfuade ,
puis que toutes ces chofes fe font dans
nous fans que noftre volonté puiffe
l'empefcher ou le commander.

La confideration de toutes ces actions
conduites avec tant d'induftrie , & me-
nagées avec un fi grand artifice , par la
feule harmonie des parties qui compofent cet automate fi artiftement formé ,

&

& dont tous les refforts font difpofez a-
vec tant de fymmetrie, qu'on ne peut rien
concevoir de mieux penfé & de plus deli-
catement travaillé, cette confideration
dis-je, doit eftre fuffifante pour nous per-
fuader que puifque cette Befte n'a aucun
befoin d'une ame pour toutes ces chofes
il n'en faut aucune auffi pour tous les autres mouvemens qu'elle fait, qui ne fem-
blent pas demander plus de connoiffance
que ceux que je viens d'expliquer.

Avant que de paffer plus outre nous devons encore remarquer avec foing, que
le cerveau eftant d'une fubftance molle,
eft capable par confequent de recevoir &
de retenir les impreffions que les objets
exterieurs y font, qui confiftent dans la
facilité, que les pores du cerveau, qui
ont efté ouverts par leur moyen, con-
fervent à s'ouvrir de la même maniere ou deux-même, où par la cours for-
tuit des efprits animaux. Ou bien ces
impreffions ne font autre chofe que les
traces & les veftiges que les efprits animaux laiffent entre les fibres du cerveau

E   en

en baiſſant les poils qui ſont heriſſez par
deſſus, de meme qu'un homme qui paſſe
daus un pré couvert d'herbes, fait une
eſpece de ſentier qui dure quelque temps
& par où il eſt plus facile de paſſer la ſeconde fois que la premiere & la troiſie-
me que la ſeconde.

Remarquons auſſi que quand deux
objets agiſſent enſemble, leurs traces s'u-
niſſent ordinairement. c'eſt à dire que
les eſprits animaux, qui par l'impreſſion
de ces deux objets ont coulé entre differentes fibres du cerveau, pour aller enſuite enfler divers muſcles, venant à ſe
croiſer dans leur route ſe mélent & n'ont
plus qu'un courant qui ne va aboutir qu'à
un des deux endroits, où les eſprits euſ-
ſent coulé ſans cette jonction. Il s'en-
ſuit de là premierement, qu'il n'en reſul-
tera que les mouvemens qu'excitoit l'objet, dont l'impreſſion qui eſtoit la plus
forte a prevalu ; ſecondement, il n'arri-
vera aucun mouvement de ceux qui euſ-
ſent eſté produits par l'action de l'objet
le plus foible qui, dans la ſuitte, quoi
qu'il

qu'il foit feul ne fçauroit agir fur le cerveau fans exciter les mouvemens qui ac-
compagnent l'action de celuy dont les
traces ont efté confonduës avec les fien-
nes. Cette jonction de traces ou d'efpeces, fi vous voulez l'appeller ainfi fe
fait auffi tres-fouvent, non feulement
quand les efprits animaux fe croifent
dans leurs chemins ; mais encore lors
qu'ils coulent affez prés les uns des autres : car l'un de ces deux courans ébran-
lant en paffans la partie voifine de fon
lict, il oblige l'autre à fe mouvoir du
même côté, pour peu d'obftacle qu'il
rencontre dans fon chemin, fi bien que
gliffans vers l'endroit où fe meut le premier, par la facilité qu'il y trouve, cau-
fée par la fecouffe des parties qui font en-
tre-deux, ces deux traces ou efpeces s'u-
niffent.

Ces chofes eftant fuppofées, commençons par expliquer ce qu'on appelle
la difcipline des animaux. Si je veux,
par exemple, dreffer un chien à fe tenir
fur fes deux pieds de derriere, je l'arre-

E 2   fteray

fteray moy-même quelque temps dans
cette fituation , pour procurer aux efprits animaux un paffage libre & aifé
dans ces parties , & afin que les pores
qui leur donnent paffage acquerent une
grande facilité à s'ouvrir toûjours de la
même maniere : outre cela quand cet
animal changera de pofture je le menace-
ray d'un bâton , de forte que le cerveau
s'ouvrant naturellement à cette veuë aux
endroits qu'il faut pour le faire arrêter, &
l'empécher de s'avancer vers le bâton,
il n'y aura pas lieu de s'etonner s'il demeure ferme dans cette affiette , tellement que fi je reïtere plufieurs fois la
la même chofe cette habitude deviendra
par apres fi forte , qu'il s'y tiendra apres
de luy même.

Si l'on vouloit enfuitte l'apprendre à
danfer au fon du violon , on n'auroit,
quand il fe tient ainfi debout, qu'à mar-
cher devant luy prefentant du pain, car
il feroit difpofé à s'approcher de cet
aliment & à le fuivre : que fi en même
temps on fait jouër du violon; l'efpece
du fon

du son de cet instrument & celle du pain se joindront si bien, qu'aprés que l'on aura reïteré plusieurs fois la même chose le seul son du violon sera capable de faire danser le chien. Si nous voulons le dresser à la chasse, il nous y faut prendre à peu prés de la même maniere, si nous le battons lorsqu'il courra sur la perdrix, l'espece de cet oiseau & celle des coups que nous luy aurons donné s'uniront sans doûte, si-bien qu'aprés que nous aurons reïteré la même chose plusieurs fois, la perdrix fera sur luy la même impression que le bâton, & comme il s'arrête en voyant le bâton, de même il demeurera ferme à la veuë de la perdrix au lieu de courir dessus.

Si les chiens qui naissent de deux autres qui sont couchans, chassent sans être dressez, il ne faut pas s'en étonner, puisqu'ils ont bien souvent dans le cerveau les mêmes traces qu'avoient leur pere & leur mere, de la même maniere que les enfans naissent bien souvent avec des dispositions aux maladies dont leurs parens ont été atteints.

E 3 Si

Si nous voulons que ce chien faute quand on prononce le Prince d'Orange, & qu'il aboie en entendant le nom du grand Turc, nous tiendrons un bâton tant foit peu elevé de terre & couché horizontalement, & enfuite quand il aura bien faim, nous luy prefenterons du pain au delà du bâton en prononçant en même temps les paroles à l'occafion defquelles nous fouhaitterons qu'il faute : il eft clair qu'étant obligé de paffer par-deffus le bâton pour venir manger le pain, il fautera dans cette rencontre ; de là vient que ces deux efpeces s'uniffent, après que nous aurous fait la même chofe plufieurs fois, ce chien fautera enfuite auffi-bien pour les feules paroles, qu'il fautoit à la prefence du pain : fi au contraire nous le battons en prononçant le grand Turc, il eft feur qu'il aboyera, ce qu'il fera enfuite toutes les fois qu'on prononcera les mêmes mots.

Ceux qui comprenent ce que nous venous de dire n'auront aucune difficulté de concevoir la raifon de ce qui arrive dans
toutes

toutes les autres occasions, sans avoir recours à aucune connoissance pour expliquer la discipline des animaux.

Nous developerons sans peine ce qu'on apelle instinct dans les animaux, c'est à dire, certaines actions que toute une espece de Bêtes font natuellement, d'abord que nous aurons remarqué que cet instinct se raporte toûjours exactement à leur conservation, car nous verrons de là qu'il ne peut consister que dans la disposition particulière de leur cerveau quand elles naissent : ainsi un agneau fuit le loup, parce que la veuë de cette Bête determine les esprits animaux à produire ce mouvement par l'economie naturelle du cerveau de l'agneau, car il ne se pouvoit rien ordonner de mieux pour la conservation, & de toutes les dispositions que son cerveau pouvoit avoir du Createur, celle d'avoir des fibres qui s'ecartassent facilement pour laisser couler les esprits animaux dans les muscles qui servent à l'éloigner du loup, étoit la plus propre & la plus convena-

E 4 ble

ble que l'auteur de la nature pût luy donner.

Nous ne voyons rien affurément de
plus merveilleux que ce que font les a-
beilles, car on rapporte qu'elles choi-
fiffent un Roy qu'elles fuivent & qu'elles efcortent par tout; la raifon eft qu'il
n'y a que luy de mâle dans chaque effein
qui fait une telle impreffion fur elles, ou
par les yeux, ou par les oreilles, ou par les
narines qu'elle les oblige à faire tout ce
qu'elles font à fon égard.

Elles font determinées par le fuc des
fleurs qu'elles ont fuccées, par la prefence de leurs compagnes; & principa-
lement par les difpofitions naturelles de
leur cerveau, à batir de petites cellules
qui font toûjours exagones & rangées
de la même façon, fi bien que cette u-
niformité de leur maniere d'agir, dans
laquelle on obferve toûjours le même
ordre, la même régularité & les mêmes
circonftances, nous perfuade qu'elles
n'ont pas plus de befoin d'une ame con-
noiffante pour conduire tous les mouvemens

mens que je viens de raporter, qu'un
arbre pour pouffer des feuilles & des
fleurs au printems avec un artifice in-
comparable, pour produire des fruits en
efté ou en automne, qui continuent
pour la pluspart en abregé & en racourci
tout l'arbre dont ils font fortis, & pour
fe repofer enfin tout l'hiver comme dans
un long fommeil, afin de reprendre des
forces & de la vigueur, pour recommen-
cer leur travail au printemps fuivant.

Il n'eft pas non plus neceffaire d'avoir
recours à quelque connoiffance pour expliquer les differens emplois que les a-
beilles partagent entre elles. Les plus
vielles ont foing du dedans de la maifon,
parce que la foibleffe de l'age faifant que
les efprits & le fang, ou quelque chofe
qui en tient la place, manquant de chaleur ne les porte plus à fortir de leurs ruches pour aller à la provifion, mais au-
contraire cette difpofition les rend propres à bâtir leurs cellules, ainfi que le
printemps difpofe les arbres à pouffer
les fleurs, l'Efté & l'Antomne des fruits,
& l'hyver à fe repofer. E 5 Le

Le soin qu'elles ont d'ensevelir les morts hors de leurs ruches provient de la mauvaise odeur qui en exhale, laquelle determine celles qui sont en vie aux mouvemens necessaires pour cet effet à comme une plus grande ou une plus petite chaleur du Soleil oblige les fruits à meurir plûtôt ou plus tard, & il n'est pas besoin pour cela de chercher dans les abeilles une cause differante de l'organisation que l'auteur de la nature leur a donnée.

Cette sage prévoyance & cette précaution merveilleuse qu'elles ont de ne manger que tres-peu en hiver pour ne manquer jamais tout à fait d'alimens, vient de la rigueur de la saison qui diminuë le mouvement du sang, bouche les pores du corps, & fait que la transpiration n'estant pas si grande, peu de chose suffit pour reparer ce qui se dissipe continuellement.

Mais quoy, cette justice qu'elles rendent si bien, cette oisiveté punie si rigoureusement, ces loix observées avec tant d'exacti-

d'exactitude, tout cela ne part-il point
de quelque intelligence ; tout cela part
véritablement d'une intelligence ; mais
qui eſt dans l'ouvrier & non pas dans
l'ouvrage : les abeilles chaſſent les bour-
dons qui mangent ſans travailler, parce
que ceux-cy ne leur reſſemblent point ;
ſi bien que l'impreſſion qu'ils font ſur
elles les portent au mouvement qu'il faut
pour ce ſujet, de la même façon qu'un
aimant en repouſſe un autre quand il luy
eſt preſenté d'un certain côté. Les
combats qu'elles ſe livrent , la mort
qu'elles ſouffrent & l'ardeur qu'elles font
paroître dans leur travail quand leur
Roy les viſite , ces fonctions , dis-je ,
viennent à l'occaſion de deux mâles qui
ſe rencontrent dans un eſſain ; car ſuivant leur different temperament ou la
diverſité de leurs deux Roys , elles ſont
excitées les unes à ſuivre celuy-cy, &
les autres celuy-là, de la même maniere que nous voyons tous les jours entre
les hommes les uns aymer une perſonne
que les autres haïſſent ; ce qui ne part

pas

pas immediatement de l'ame, mais des inpreſſions differentes que la même perſonne fait dans deux cerveaux differemment diſpoſez.

Quand leur Roy fait viſite, la diſpoſition qu'il introduit dans leur cerveau fait couler des eſprits animaux avec plus d'abondance dans le cœur ; de la vient que le ſang s'y échauffe davantage & communique enſuite plus de chaleur à toutes les parties, & c'eſt de là qu'elles témoignent plus d'ardeur pour lors, de la même façon que nous experimentons que certains objets allument par leur preſence un feu dans noſtre cœur & excitent dans nous quelques mouvemens independans de nôtre volonté, comme il arrive dans toutes les paſſions.

D'abord que l'hyver aproche, les Hirondelles paſſent les mers, pour ſe garantir de la rigueur du froid, le retour enſuite de la belle ſaiſon les rameine pour nous annoncer la venuë du printemps, & même elles ne manquent jamais de revenir dans la même maiſon

& au

& au même nid qu'elles avoient l'année precedante, pour n'être pas obligées de travailler fur nouveaux frais.

Tout cela, dira-t-on, prouve fuffifamment qu'elles fentent venir l'hyver & qu'elles fçavent qu'il ne fait point de froid pour lors dans les païs où elles vont hyverner, comme aufli que la chaleur y eft infupportable dans le printemps, au lieu qu'elle n'eft pas de beaucoup prés fi grande chez nous. Je vous avouë que fi les hirondelles & les autres oyfeaux de paffage connoiffent tout cela, ils fçavent fort bien le fyfteme du monde, la temperature de l'air dans les differens païs, & la difpofition en particulier de la terre à l'égard des plantes. Difons donc que l'hiver commançant chez nous le changement qui arrive dans la chaleur de l'air caufe une alteration notable dans les corps vivans, & elle eft telle dans les hirondelles qu'elle les determine aux mouvemens necéffaires pour paffer la mer; de même que l'on introduit dans une montre en la montant, oblige l'ai-

guille

guille à fe mouvoir vingt-quatre heures
par exemple & non pas davantage.

La chaleur devenant exceffive dans
les contrées où ces oyfeaux font allez,
elle les monte, pour ainfi dire derechef,
& les fait revenir précifement dans les
lieux qu'ils avoient quittez l'année pré-
cedente pluftoft qu'ailleurs, parce que
les efprits ont beaucoup plus de facilité à
couler dans les nerfs & dans les mufcles,
dont le mouvement les y conduit, que
nulle autre part par l'habitude que les
hirondelles ont contractées d'aller vers
ces endroits-là, de la même maniere
que fi nous avons accoûtumé d'aller fou-
vent en quelque lieu à une certaine heure, nous n'avons qu'à nous determiner
à prendre cette routte & faire le premier
pas, aprés lequel, quoyque nous pen-
fions à autre chofe nous pourfuivons
pourtant & nous nous rendons au lieu
que nous nous eftions propofés en par-
tant.

Que cette régularité fi exacte des
mouvemens que font les hirondelles &
les

les autres animaux , ne nous obligent
point à leur donner une ame pour les re-
gler, puis que par la même raiſon il en
faudroit donner une à la mer dont le
flux & le reflux ſuivent ſi regulierement
le paſſage de la lune ſous le meridien ; il
en faudroit donner une à un grain de
moutarde & à toutes autres graines ; car
ſi on les plante à contreſens , les racines
qui ſortent hors de la terre , ſe detour-
nent & s'y enfoncent ; & le germe qui
s'eſtoit tourné vers la terre , ſe detourne
auſſi pour en ſortir.

Il eſt vray que le mouvement des Bêtes marque une intelligence , mais ce
qui ſe paſſe dans toutes les plantes
en marque une auſſi : Une plante ſe
nouë d'eſpace en eſpace pour ſe fortifier ;
elle couvre ſa graine d'une peau qui la
conſerve ; elle l'environne de piquans
pour la defendre, cela ne ſe peut ſans
intelligence : mais qui n'eſt point dans
la matiere ; mais ſeulement dans l'auteur de la nature qui en regle les mouvemens.

Il eſt

Il est impossible que le hazard regle le
mouvement des planetes, il faut necessairement que ce soit une intelligence, infiniment sage, infiniment puissante & qui
soit entierement séparée de la matiere
qui compose ces corps celestes, & la même qui nous a formé dans le sein de nos
meres, & qui nous donne l'accroissement
auquel nous ne pouvons par tous les efforts de nôtre esprit & de nôtre volonté
ajoûter une coudée. Le mouvement si re-
glé d'une montre marque une intelligence qui en a si adroitement disposé les
rouës & les ressors; mais qui en est entierement separée. Ainsi dans les animaux il n'y a ny intelligence ny ame
comme on l'entend ordinairement. Ils
mangent sans plaisir, ils crient sans
douleur, ils croissent sans le sçavoir,
ils ne desirent rien, ils ne craignent
rien, ils ne connoissent rien, & s'ils
agissent avec adresse & d'une maniere
qui marque intelligence c'est que Dieu
les ayant fait pour les conserver, il a
conformé leur corps de telle façon qu'ils
évitent

évitent machinalement & sans crainte ce qui est capable de les détruire, & qu'ils approchent sans amour de ce qui peut contribuer à leur conservation. Autrement il faudroit dire, qu'il y a plus d'intelligence dans le plus petit des animaux où même dans un seul grain de semence, que dans le plus spirituël des hommes; car il est constant qu'il y a plus de differentes parties & qu'il s'y produit plus de mouvemens reglez, que nous ne sommes capables d'en connoître.

Il n'est point necessaire de sortir de ce systeme que je viens d'établir pour donner une explication claire & distincte de toutes les autres choses les plus surprenantes que nous appercevons dans les animaux, ce seroit passer les bornes du temps de la conferance que je me suis prescrit que de l'appliquer à d'autres exemples que ceux que j'ay rapportés. Ceux qui entendront bien ce que j'en ay dit pourront facilement en faire l'application.

Si l'on vient par aprés à comparer
nôtre

nôtre explication à celle des anciens
Philosophes, la nôtre paroitra sans doute beaucoup plus raisonnable ; on n'ap-
percevra dans celle-là qu'obscurité &
confusion ; on n'y verra que de grands
mots de categorematique, que des termes mysterieux d'especes expresses, impresses, intentionelles, de facultez &c.
qui ne reveillent en nous aucune idée
distincte & qui les satisfont cependant,
estant appuyez sur le sentiment d'Ari-
stote, dont la seule Autorité vaut mieux
chez eux que toutes les demonstrations
de Decartes. Ces Philosophes, dis-je,
font tellement accoutumez aux tenebres, qu'ils font même profession ou-
verte & declarée de vouloir les suivre,
ensorte qu'un habile d'entre eux declare
qu'il n'est point necessaire que les principes des choses soient clairs & évidans,
que l'obscurité même leur sied bien, &
que la facilité des principes de Decartes, servoit à luy rendre cette Philosophie suspecte, *ipsa facilitate sus-*
pecti, Condamnons, Messieurs des
san-

santimens si ridicules, entrons dans des dispositions plus raisonnablesqui , sont de n'accorder jamais nôtre consentement , en fait de matiere de Philosophie , qu'à ce qui nous paroîtra clair, evident & démonstratif.

F I N.